The Dipper
An The
Three Wee Deils

By

Dr. J. A. Begg and J. Reid

James A. Begg

Luath Press, Ltd.
Barr, Ayrshire. KA7 9TN.

The authors and Publishers of this book are donating proceeds
from its sale to the Ayrshire Hospice.

ACKNOWLEDGMENTS

We are indebted to the Ayrshire Hospice Board for their initial
approval of our manuscript and for allowing us to nominate the
Ayrshire Hospice as sole beneficiary of the proceeds from the sale of
this book. These proceeds would have been much smaller had not
most of the publication costs been offset by substantial donations
from sponsors. We offer our grateful thanks to the following
sponsors for their generous contributions:
Bank of Scotland, Sandgate, Ayr.
Clydesdale Bank, 30 St.Vincent Place, Glasgow.
Rosefield Motors (Ayr) Ltd., Prestwick Road, Ayr.
British Aerospace Commercial Aircraft, Prestwick.
Nobel's Explosives Company Limited, Nobel House, Stevenston.
Purdie and Kirkpatrick Ltd., Dalblair Road, Ayr.
William Grant & Sons Ltd., Scotch Whisky Distillers.
Beecham Pharmaceuticals, Shewalton Road, Irvine.
Garnock Neighbourhood Trust (Roche Charities Fund)
Cumnock and Doon Valley District Council.
Cunninghame District Council.
McCorquodale (Scotland) Ltd., Printers
Robert Horne Paper (Scotland) Ltd.
Our sincere thanks must also go to Mr. Tom Atkinson, Luath Press,
Barr, our publisher, who gave freely of his time and expertise as his
own contribution to the success of this fund-raising venture.

We are honoured to have the support of Mr.Tom Fleming and must
express our gratitude for the time he has taken to write such an
eloquent Foreword to our book.

To the organisers of the Scottish National Open Poetry Competition
go our thanks for the opportunity afforded us to discover that we had a
modicum of poetic ability.

And finally we would like to mention the new Concise Scots
Dictionary, and The Scots Word Book by William Graham, from
whose pages we derived a great deal of information and enjoyment.

J.A.B.
J.R.

THE DIPPER AN THE THREE WEE DEILS

Dr. J. A. Begg and J. Reid

'THE AYRSHIRE HOSPICE'
35 Racecourse Road, Ayr. KA7 2TG.
Tel: Ayr (0292) 269200

The Ayrshire Hospice, a registered charity, has been established through the fundraising efforts and generosity of the people of Ayrshire. It provides a high standard of medical and nursing care for patients with terminal illness, either by home-care, day-care or admission to the in-patient unit. Over £1.5 million has been raised to establish and maintain these services, and the Hospice has been fully operational from February 1989.

The Hospice continues to be heavily dependent on voluntary contributions and also on vital support from its many volunteers. These volunteers work in the Hospice and its garden as well as manning charity shops in Ayr, Kilmarnock and Cumnock and running fundraising efforts locally through the twenty Friends' Groups.

All concerned with the Hospice say "Thank You" to the community for its continuing support. To the authors and sponsors of this book we express our gratitude for their generosity in giving the proceeds to support our work.

Helen W. Blythe
Administrator.

CONTENTS

FOREWORD

I am pleased to commend this book of poems and stories to you, and also the most worthwhile cause in support of which it is being published.

Oor guid Scots tongue is a priceless heritage. It is not, as many would have it, a collection of quaint dialect words and pawky 'auld farrant' phrases. It is a language with a rich verbal and literary tradition of its own, unique in its vital expression of Scottish character, outlook, and humour. The works of Barbour, Henryson, Dunbar and Lindsay, and, sadly, the poetry of Robert Burns and Hugh MacDiarmid are less accessible to the average contemporary urban Scot than the patois of Kojak, the Strine of 'Neighbours', or the Cockney of 'East Enders'. Yet when classical Scots is well spoken on a stage the theatre is full. When the New Testament is rendered into Scots by a distinguished Scholar it tops the best-seller list week after week. It is as though we realise what we are in danger of losing, but find ourselves impotent to stop it happening. A language has to be spoken, read, written and sung to survive. Scots is as endangered as the rain forests of the Amazon. If it is to be preserved only in academic laboratories or linguistic museums our quality of life as a nation will be seriously impoverished.

The Hospice movement is similarly about survival. The survival of human dignity, individual spirit and character, and the maintenance and enrichment of the quality of life against all the odds of a terminal human condition are its essential and splendid *raisons d'etre*. A hospice is fundamentally about living, although it deals in a uniquely skilled and understanding way with dying.

These poems and stories by a much respected General Practitioner and a well-known retired Headmaster come from a shared and lifelong acquaintance with and affection for Ayrshire and its folk. That is reason enough to join them in helping to support the provision of Hospice care in Ayrshire, while at the same time enjoying their obvious relish in the use of their native tongue.

TOM FLEMING

AUTHORS' PREFACE.

It was a mutual enthusiasm for fishing which, ten or eleven years ago, first drew us together as Secretaries of our respective Angling Associations.

Not long afterwards, we discovered that we shared a similar interest in writing Scots Verse, which subsequently led to a friendly rivalry, and an annual appearance by either or both of us in the Prize List of the Scottish National Open Poetry Competition, every year since 1982.

The consistency of these poetic successes eventually gave us enough confidence to consider publication of a joint volume of Scots verse and short stories, but it was only last year, when we finally sat down and assembled our collection of poems, that we realised just how well our separate styles would blend into what we hope folk will enjoy as a light-hearted and humorous read.

Water has always had a hypnotic attraction for most children, and it seems only natural that bairns, especially those like ourselves with a country upbringing, should carry this early fascination with them into adult life.

That's our excuse, and we make no apologies, therefore, for the extensive influence of 'watter' on our respective muses, whether it be fished, sailed on, douked in, curled upon, or simply diluted with whisky!

We make no apologies either for the use throughout of our native Ayrshire Scots tongue. The vast bulk of the Scots words which appear in the glossary were being used in everyday speech during our generation-apart childhoods, but sadly many have vanished as a result of the pervasive influence of Television and the passive neglect and active discouragement by School Authorities and the media.

It has always been a source of wonder and annoyance that Gaelic, with thirty thousand speakers, should be given at least some regular radio and T.V. coverage, while two or three million Scots speakers of varying degrees of ability are ignored, or even worse, caricatured.

We hope therefore, that this wee book, as well as entertaining, will stimulate readers to recall those dormant words 'their grannies used', enrich their own vocabulary, and re-establish a pride in their Scots heritage and in the daily usage of their native tongue.

James A.Begg.
John Reid.

THE DIPPER.

When snaw an frost entice me oot
Tae tramp the burns an luik aboot,
A trig wee burd in dinner-suit
Accompanies me,
Wi sang as clear as ony flute
In scale o C.

I staun ahint a tree an luik,
An watch him sing an bob an jouk,
Syne gie his snaw-white breist a pouk,
His feathers turn,
Afore he taks anither douk
In th' icy burn.

Unkent, unseen, as yin we baith
For endless meenits haud oor braith,
Me, fearfu lest he's swept tae daith
Aneath the floes,
He, tentless o my lack o faith,
As in he goes.

An gin I fear he'll shuirly dee
Oot he'll lowp sae jauntily,
Syne doun across the burn he'll flee
Frae stane tae stane,
An sing an bob an jouk a-wee,
Then in again.

He jinks aboot the watter-side,
Then deep aneath the current he'll slide,
Doun whaur the caddis-beasties bide,
An gadgers tae,
Frae's pokin neb nae nymphs can hide
Nor soum away.

1

Wee burnside freen, I maun salute
Yer quest tae gether larval fruit,
- As weel as ony speckled troot,
I daur maintain,
Next time ye dive, I'll hae nae dout
Ye'll rise again.

J.A.BEGG   1982

First Prize Winner (Scots Section) S.N.O.P.C. 1983

trig/neat jouk/duck pouk/pluck douk/dip tentless/heedless gin/by
the time   lowp/leap   syne/thereupon   caddis-beasties/caddis-fly
larvae   gadgers/stonefly larvae

J.A.B.

GLENBURNIE'S GUN

It hings up there by the chimley-cheek
Kept free frae roost in the warm peat reek.
Its weel-worn barrels show nae famous name,
Nae scenes o pointin dougs an stertled gemme
Are screivit on its locks, but tak it doun
An keek inside — it's shinin like a preen!
It's saired me weel the feck o saxty year
An sae I keep it iled an clean up there.

Although oor days on 'Burnie's hill are bye
I lift it whiles an pit it tae my ee
Tae bring tae mind a routh o sportin days,
An whiles a shot that earned some frienly praise.

We've daudit reivin tods an huidie-craws
An scores o rabbits 'mang the neep-field shaws.
We've brocht braw corn-fed wild dyucks doun
Amang the stibbles by the hunter's mune.
Hill hares we've piled in dizzens on the muir,
An phaisants, pairtricks, an an antrin deer.

But nou I spend ower lang beside the fire
Although I hirple whiles as faur's the byre.
The young anes think my shootin days lang bye
But, by my feth, I'm ettlin ane mair try.
I've seen a maukin in the gairden kail,
An juist ae shot will cowp him, heid ower tail!

J.REID 1985

chimley-cheek/the side of the fire-place   scrievit/engraved   preen/pin
feck/the most part   routh/abundance   daudit/struck   reivin/plundering
tod/fox   huidie-craw/hooded or carrion crow (Ayrshire)   shaws/stems
and leaves   pairtricks/partridges   antrin/occasional   hirple/limp,hobble
ettle/intend   maukin/hare   cowp/overturn

J.A.B.

4

THE HEDGEHOG

The hedgehog's a funny wee beastie,
That keeps himsel weel oot o sicht,
But when hungert an wantin a feastie,
Ye micht see him aboot ony nicht.

He's roun as a barrel wi wee bowlie legs,
On his back is a hantle o thorns,
That gies them that meddle a guid wheen mair flegs,
Than ony big bull wi its horns.

He keeps cockit his lugs when he's guzzlin slugs
For the soun o the faintest fuit-faa,
An if threitent by laddies or foxes or dugs,
He'll curl himsel intae a baa.

Like a big broun Scotch Thistle, he caumly reclines,
Wi the thocht — 'Wha daur meddle wi me!'
Till his foe gets fed up bein jagged by his spines,
An gaes aff somewhaur else for his tea!

Ye micht think that the hedgehog is lucky,
But wad *you* ever feel at yer ease,
No able tae scart when it's yeuky,
A back that's aye hotchin wi fleas!

J.A.BEGG   1983

hantle/great number   wheen/a lot of   flegs/frights   scart/scratch
yeuky/itchy   hotchin/teeming

5

FISHERS TAK TENT

Maist anglers, through the fishing season,
Can keep their passion within reason,
Whiles wine an dine a trauchled wife
Tae keep awa domestic strife,
Or tak weans tae a fitba gemme
Tae gie her peace an quate at hame.

Sic thochts ne'er bothered Willie Fyfe.
For him. there was nocht else in life
But fishin, mornin, noon an nicht,
It was his ae lee-lang delicht.
Wark, wife an weans were aye negleckit
When risin troot could be expeckit.
But, sune or late, life's cup rins tume,
An Willie gaed tae his lang hame.

He tuik it as nae mair than due
Tae wauken tae a heavenly view
—- A crystal river, clear an cuil,
An at his feet a troot-ringed puil,
While by his side, tae serve his needs,
A wee man stuid in keeper's tweeds,
Wi rod an net, an flees an flask,
But Willie thocht it best tae ask.
'Wad the Laird fin faut, dae ye think', said he,
'Gin I tuik the rod an cuist a flee
Ower yon twa-punner risin there?'
'Na, sir, for 'deed, that's why we're here'.

Then for a while Will had his wish
An heuked an played fish efter fish,
Till ten fat troot lay big an braw
Like gowden guineas in a raw
—- But frae upstream there cam the splatter
As better fish lowped frae the watter.
'I think,', said Will, 'I'll hae a try
At yon faur bigger fish up-bye.'
'Na, sir,' the voice said at his side,
'This puil is whaur we baith maun bide.'

Will stuid, as still's a granite stane,
While fearsome doots crept through his brain.
Said he, 'Let me hae this thing clear.
Ye mean we fish naewhere but here?
An ilka troot will be the match
O ilka ither ane I catch?'
'Aye, sir.' the voice was wae an low,
Like ane wha'd suffered lang an slow.
'But this is hellish, man!' cried Willie.
'Na, sir. It's Hell,' replied his ghillie.

J.REID 1984
Third Prize Winner (Scots Section) S.N.O.P.C. 1985.

trauchled/overworked   lee-lang/livelong   tume/empty   cuil/cool
coost/cast   bide/stay   ilka/each

THE BYLLIES

Dedicated to all the Doon Byllies with whom I spent many exciting and often hilarious nights patrolling the river and staking out pools. The great decline in poaching, and the subsequent recovery of the River Doon as a fine salmon river is due in large measure to their efforts. J.A.B.

They're niver whaur they're wantit
When the nets gang throu a dub,
An the siller fish are poued ashore,
Syne skelpit wi a club;
Then hidden weel aneath a bush
T' await the dawn o day,
When a wee broun caur comes doun the road
An speerits them away.

They're niver whaur they're wantit
When the Deil's Ain dae their waurst,
An tuim in their evil potions —
(May they be for ever curst!)
As saumon thresh aboot the puil,
Then faa tae graspin haun,
While future stocks o fry an paur
Lie deein on the saun.

They're niver whaur they're wantit
When the howkers' gear they ply,
An treble heuks an big leid wechts
Gae fleein throu the sky;
Syne fricht the wits o fish an fishers,
An pit them in a dither,
For gin they dinnae heuk the yin,
They're shuir tae heuk the tither!

They're niver whaur they're wantit
When the fish are in the burn,
An hauf the toun wi licht an cleek
Are queuin for their turn,
Wi'oot a thocht that these puir fish,
Last o their generation,
Shuid be laed alane tae consummate
Their tryst o procreation.

Whaur they're at they're niver wantit
By a certain class o chiel,
Wha niver buys a ticket —
—- Ye ken the type gey weel —
They mooch aboot in twas an threes,
Wi treble heuks an gaff,
An sweir an curse an threiten
When the byllies pit them aff.

Whaur they're at they're niver wantit,
By the puil at deid o nicht,
When the lichts gae on, an Poacher John
Near draps doun died o fricht;
Syne draps his gear in mortal fear
As his cronies rin an scatter,
Leavin nets an claes ahint,
As they soum across the watter.

The Byllies gether nets an claes,
Wi the thocht they've won the day,
But hopin mebbe neist time
They'll get the poachers tae!
Then up the brae an throu the wid,
Leanin weary on their sticks,
Hame tae bed at hauf-past three
— An up for wark at six!

Sae mark this weel aa fishermen,
Wha greit an girn an moan,
An haud back information
That wad help trap Poacher John.
The Byllies aa are workin lads,
Daein a thenkless job for free;
An wad raither juist be fishin
— The same as you an me!

J.A.BEGG   1981

dub/slow-moving pool   tuim/empty   paur/young salmon parr
howker/poacher who foul-hooks fish using large hooks   treble heuk/three-
barbed hook   leid wechts/lead weights   tither/the other   licht an
cleek/torch and gaff   neist/next   wid/wood   girn/whine

9

FURST BLUID

It wis the back o eleiven gin I parked the caur oot o sicht aff the drive intae the Big Hoose, an cannily made doun the ruch road that cam oot abune the Bank Weil, tae meet up wi the ither byllies.

We hadnae been lang at this poachin gemm — in fact, it wis oor furst nicht oot efter the big yins, the nettin gangs, havin cut oor teeth on the licht-an-cleek merchants up the burns last back-en.

No kennin whaur the lads were, an sweirt tae whustle for fear o frichtin aff ony poachers, I wis gled whan the gliff o a torch showed twice frae the watterside, or I wad hae gaen richt by them.   I wis a wee bit pit oot, mind ye, for I thocht I wis daen that weel, creepin alang unseen, withoot a soun, like Hiawatha, wan aa the time, frae doun ablow, I wis as conspeecuous as a tribe of Apaches on the tap o a knowe!

An gaun doun tae jyne the lads, whit wi faain ower tree ruits, an gettin fanklt an scartit wi brammle-busses, I wis aboot as quait as a Centurion tank!

'Hou are things?' I whuspert.

'It wis aa quait till you came!' replied Ian, wi juist a wee hint o sarcasm.

'Whaur's the rest o the lads?' I speirt, a bit apprehensive, for in the mirk I cuid only mak oot Ian, an Mr.Johnston wha rentit the fishins frae the Big Hoose, an him no a byllie.

' Aw, there's juist the three o us,' said Ian, 'Ah phoned Eck an tellt him tae meet us at the road-en, but he hasnae turnt up.

I hope nae poachers turn up aither, I thocht tae mysel, for we're gey thin on the grun tae deal wi mair nor yin!

Wi that we settlt ahint an auld aik-tree, as comfortable as we cuid be in a bed o nettles, tae wait on events.   Aa the villages on the river had at least fower or five nettin gangs apiece, an the hale watter had been nettit frae tap tae fuit for years wi no a body liftin a haun tae stop them.   Whan the river wis in guid order, there wis even a race tae see

11

whae cuid get tae the best puils furst — an nou an again some split heids! Sae even withoot a tip-aff there wis a guid chance o somebody comin on the Bank Weil, for it wis a weel-kent puil, an close tae the village. Forbye, it wis the Glesca Fair, an them that wad be workin wad be aff, an them oot o wark wad be wantin beer-money onywey!

It wis a saft, still July nicht, an wad hae been lichter had it no been for laich cluds maskin the last o the gloamin. The watter wis rinnin aff efter a wee spate an we cuid hear the odd splash o a seatroot in the neck o the puil — a grand nicht for the poachin!

My watch had juist showed hauf-eleiven whan Ian hissed — 'There's somebody comin across the field!'

I strained my een, peerin ower the watter intae the holm forenent us, that had juist been crappt o hey twa-three days syne. Shuir eneuch, staunin oot agin the siller-grey o the stibble field wis a wee bleck speck, gettin bigger an bigger as it moved forrit tae the weil.

He wis nae mair nor thirty yairds frae us as we watched him rin smertly frae fuit tae tap o the puil an then disappear ahint some busses.

'That's juist the luik-oot,' I croakt tae Ian, my mooth dry wi excitement an my hert gaen ten tae the dizzen. Shuir eneuch, five meenits later, Ian croakit back: 'There's anither three hauf wey across the field — Ah can juist mak them oot!'

By this time it wisnae juist oor vyces that wis trimmlin wi excitement — my hauns an legs were shakin like a jeely whan the fower sheddaes jyned up on the faur bank straucht across frae oor hidey-hole. Ian, wha wis best placed, keekt roun the side o the tree an gied us a rinnin commentary.

'They're chyngin their claes,' he whuspert, an we cuid juist hear the saft murmur o vyces abune the chuckle o the watter.

'Ah think they're sortin oot the net — Ah can see the glint o a wee torch or matches.'

We had agreed the best coorse o action wis tae rush them yince they had the net in the watter.

'They're in the watter nou!' Ian hissed, an we cuid hear the splash o legs agin the stream an the clink o chain poued ower the grevel as yae rope-man made across the neck o the puil tae oor side, wi anither man gruppin the middle o the net, an a third haudin the ither end o the rope on the faur bank.

Yince lined up, they stertit tae move abreist smertly doun the puil, wi us creepin quaitly doun the bank ahint them till we got within twenty yairds o the chiel on oor side.

12

'Richt lads, get the buggers!' Wi that we switched on oor torches an ran forrit bawlin oor heids aff as if there wis ten o us! Ye niver saw ocht like it! The fella on oor bank drappt his rope an dived in heid-furst, an I'll sweir he swam that quick he wis mair oot the watter than in it — like a young deuk scutterin across a dub! His mate in the middle got fanklt wi the net, freed himsel an sprauchlt kist-deep ower tae the faur side whaur he fell heid-doun in the glaur afore clawin up the bank an harin across the holm tae jyne his cronies.

The fower o them didnae rin awa but hung aboot the middle o the field, clashin-weet an roarin mad, an juist faur eneuch awa frae the lowe o oor lichts tae no be recognised. The three young fellas hauf turnt their backs, an the heid yin, an aulder man wha hadnae been in the watter, poued his bunnet doun an held the collar o his jaiket up ower his face as he watched whit wis gaun on.

Wi the ithers keppin the poachers at torchlength, my licht pickt up the raw o corks bobbin in the stream an I lowpt in up tae the hochs tae grup the net. It wis held fast, but wi a bit o frantic heavin we got it on the bank, thegither wi twa guid seatroots that we had tae keep for evidence. It wis a guid trammel-net, weel uised an weel luikt efter, wi near fifteen yairds o hutch chains frae the pit tae keep it wechtit doun in the watter.

'Let's get tae Hell oot o here afore they jalouse there's only three o us!' I said tae Ian. 'This net's a fair wecht. Hing it ower my stick an we'll cairry it atween us.' This dune, we skelpit aff throu the wid back tae the caur, like a pair o big-gemm hunters wi a pig on a pole.

Sin we niver did fin oot whae the poachers were, there cuid be nae coort-case, sae we burnt the net an fair enjoyed the rest o the evidence!

J.A.BEGG

13

THE FISHIN WEEDOW

Dedicated to Sporting Widows everywhere —Football, Rugby, Bowling, Curling, Darts and Snooker — not to mention Golf!

In cooncil hoose an stately hame,
Or sittin by some meedow,
There sits a wumman aa her lane —
She's caad a Fishin Weedow!
Aiblins thochts rin throu her heid:
Were she no there wad he miss her?
An aft she sighs an rues the day
She got mairrit tae a Fisher!

The pairtin's lang for some dear wives;
Frae mid-Mairch till September;
For ithers 'tis damn-near aa their lives;
Frae Januar tae November!
—Wi juist a month, nae mair nor three,
Tae yoke their dear sweet-herts
Tae aa that wark aboot the hoose,
Afore the Season sterts!

But try's she micht tae get her wicht
(E'en doun on bendit knees)
Tae pent the room or sweep the lum:
—He'd raither tie some flees!
The ance they baith went doun the shops
Near took awa her braith:
Whit guid intent? He only went
Tae buy mair fishin graith!

For Fisher Wull the days staun still
Frae close tae stert o season;
But for his lass — sae quick they pass,
She's gey near tint her reason!
As Februar cauld gies wey tae Mairch,
For aa her inmaist wishin,
The puir-bit sowl gies wey ance mair —
An laes him tae the fishin!

14

She's left alane wi greitin wean,
An things that aye gae wrang,
Nae wunner gin he dawdles hame
His puir wife's aye sae thrang.
— 'Whaur hae ye been tae this time?
Ye're ower three oors late!
An whit h'ye brocht — juist as Ah thocht —
— Not a bluidy haet!'

Wull quails afore the stormy blast,
Wishin he'd ne'er been born;
But hauds his mooth, for t' tell the truth,
He's gaun again the morn!

Sae aff he goes despite it aa,
An this time fares sae weel,
That heids an tails o three-score troot
Are pokin oot his creel.
Fair prood is he, a sicht tae see—
— Great Chieftain o the Fishin Race —
Till his sullen dame gins he wins hame
Shuin pits him in his richtfu place!

'Caa these troots!' the wife decries,
As he tuims oot aa his winnins,
'If it wisnae for the wee rid spots
Ah'd sweir they're mair like minnons!
— An get them oot ma kitchen sink,
Ah cannae staun the smell;
An the sicht o bluid near maks me boke —
— Ye can gut the beasts yersel!'

Sic flytin wad drive mony a man
Tae forsweir rod an purn,
An niver mair tae ply his skill
On river, loch an burn.

But oor Wull's made o sterner stuff
An deif tae aa her cries,
There's no a nicht in Simmer yet
He's missed the evenin rise!
An mony is the back-en day,
Fishin Nith doun by Dumfries,
His puir-bit wife's got up at five,
An tellt tae mak his piece!

But tak tent, Wull, the day maun come,
It's mebbe no here yet,
When yer warld turns tapsalteery,
An the buit's on the ither fuit!
As I muse by the lowe o a winter fire,
An stare at the logs a-burnin,
It's nae juist on th'end o a heuk,
That I see the worm a-turnin!

For the Weedow's dochter nou is wed,
— A different generation —
Her heid stappt fou o buiks she's read
On Weemin's Liberation!

No for *Her* the late nicht meal,
Cooked wi tenderness an lovin,
If he's three oors late, he'll fin his plate's
Been fower oors in the oven!
— an the hinmaist thing *her* man micht dae
Gin he ettlt tae stey alive,
Wad be daur suggest that *she* get up
Tae mak *his* piece at five!

There's nae sic thing as fishin
Juist the wey her faither did:
He micht get oot — no whan the troot,
But whan *Hersel,* is in the tid!
He's lucky if she let's him loose
Mair'n twice in fower weeks;
It's weel seen in her hoose,
Wha's wha that weirs the breeks!

He's a dab haun wi a pent brush
Efter mony hard-wrocht oors,
An the grun he uised tae delve for worms
Is planted nou wi flouers!
Oot wi the lasses, awa at nicht-classes,
She laes him baby-sittin;
Whit's the uise o tyin flees —
— The puir sowl's taen up knittin!

Whit's mair, an deidly serious;
They say it's no a lee;
The jaud's juist bocht some wadin-buits,
An learnt tae cast a flee!

Sae fishers aa, whaure'er ye be,
Turn ower a brent new leaf,
An treat yer wife wi gentle care,
Afore ye come tae grief.
For if ye dinnae, shuir as fate,
Ye'll end up washin dishes,
Ilka time the burn's in spate,
An *The Wife's* oot catchin fishes!

J.A.BEGG   1983
aiblins/perhaps wicht/strong man soop the lum/sweep the chimney
graith/equipment tint/lost greitin wean/crying child thrang/hard-
pressed haet/iota,particle creel/fishing basket minnons/minnows
boke/retch flytin/scolding purn/reel piece/sandwiches tak
tent/take care tapsalteery/upside down lowe/flame stappt/stuffed
tid/mood hard-wrocht/hard/worked jaud/perverse woman
brent/brand spate/flood

17

MIDWINTER SPRING

Inspired by hearing a Blackbird singing "it's hert oot" in the 'wee smaa oors' during a night-call on the 9th January 1985, when the rest of Europe was suffering the coldest spell of winter weather for years!

Tho heraldin the birth o Spring,
Frae Ayr's Auld Kirkyaird echoes ring —
— Whit is it Blackie, maks ye sing
This Januar nicht?
Why's yer pow no tuckt aneath yer wing—
—It's juist no richt!

Altho the wather's unco saft,
An Westlin wins yer feathers waft,
Rousin ye up wi gentle draught
Tae warble free,
— (I ken damn-fine Auld Davie's daft!)
But so are ye!

There's ten-fuit snaw-wraiths doun in Kent,
An it's muckle waur on the Continent,
Cruel Winter's wrath is no yet spent,
I'm vext tae say,
An I hae nae dout it's his intent
Tae grup us tae.

The Finns thole fifty d'grees o frost
An doun on the Riviera Coast,
Whaur sunshine's aye their proodest boast,
They sit an freeze;
While up in Ayr, as warm as toast,
Ye tak yer ease.

— Auld Davie's gyte, fou weel I ken,
I caum him doun a wee while, then
I heize him up an cairt him ben
Tae's touslt bed;
A wee word syne wi his auld wife Jen,
Then oot I tread.

At hauf-past fower it's dreich an dreary,
The Auld Kirkyaird luiks awesome, eerie,
I'm crabbit, hauf-asleep, an weary,
— When aa at yince,
A sang bursts forth sae blythe an cheery,
Frae Music's prince.

As gowden notes frae gowden bill
Come floatin throu the darkness still,
I clean forget the nicht's cauld chill,
As hame I gang;
Enchauntit by the magic spell
O Blackie's sang.

J.A.BEGG   1985

blackie/blackbird pow/head unco/exceedingly snaw-wraith/snowdrift
muckle waur/much worse thole/endure gyte/confused heize/hoist
ben/through

AIPPLERINGIE

Based upon 'The Herd's Tale', an old Galloway folk story, as told in *A Forgotten Heritage* (pp.131-133), edited by Hannah Aitken, Scottish Academic Press, 1973. "Ringan" was the Scots form of Ninian, hence the name of the herb (southernwood) connected with the saint and traditionally carried to church between the leaves of Bibles. Appelez Ringan — pray to Ringan — became first Appleringan, then Appleringie.

It fell upon a Yule-tide nicht
That I heard a tale by the peat-fire licht
Frae a herd, as we sat by his warm hearthstane
— An auld, auld tale frae days lang gane.

It tauld o a herd lad left his lane,
His maister tae a Yule-Fair gane,
Wi the yowes still oot on the hillside cauld
Tae be brocht, ere the mirk, tae the bield o the fauld.

An bring them he did, aa but for ane,
An he beddit them doun, then by licht o the mune
He scourit the heather, the whins an the flowe,
The briers an the breckens, but fand na the yowe.

Disjaskit an dowie, sat doun tae his kail,
He thocht o Sanct Ringan, o kind sancts the wale,
Whase task is tae help tae fin ocht gane amissin,
Sae he prayed tae the sanct for his help an his blessin.

An he tuik his cogie o guid kail full
Tae Sanct Ringan's well at the fuit o the hill,
An he laid it doun on the braid well-stane
Tae serve its turn as the guid sanct's kain.
'It's braw thick kail, though the cogie's wee,
But it's aa that I hae, sae it e'en maun dae.'

Midnicht was near, an his hert was sair
As he turned tae seek the yowe aince mair,
But he luikit back, an there by the well
Wi cogie an spune was a gangrel chiel.

'He's nae sanct yon,' young Jamie said,
'Gin he was, I doot he'd be better cled.
Puir sowl, he'll walcome kail an pease.
A sanct micht weel be waur tae please.'

Said the fremit man, 'A fair guid-een,
But ye're worrit, lad. Whit hae ye dune?'
'I've tint a yowe, oot on the muir,
A yowe that was lippent tae my care.

'Hoots,' quo the man, 'Nae fash ava!
The yowe is nae sae faur awa.
Ye'll fin her fast in the brammle bushes
Doun by the saugh tree, yont the rashes.'

'But,' said the lad, 'That's havers, man!
I trampit thae bushes before ye cam,
Frae end tae end, an I fand nocht'.
Said the man, 'Lat's see whit time has wrocht.'

Sae doun they went, an fand her there,
Leevin still, but founert sair.
But the gangrel pit her ower his back
Like a chapman liftin a hauf-tume pack,
An back at the fauld they happit her weel
Wi clean bere strae in the best o the bield.

'Will ye bide the nicht?' the wee herd said.
'Ye're walcome tae baith brose an bed.'
'Fain wad I, but I've faur tae gang.
Eenou I've taigled here ower lang.'
'But whaur can ye gang sae late at nicht?'
'Whaur else but Bethlehem, ere licht.'

The laddie turned, but the man was gane,
An Jamie saw, neath the Yuletide mune
A thing he'd never seen before —
A yaird-high buss nearhaun the door.
As he stuid dumfounert, we een a-stare,
The scent o aippleringie filled the air.

J.REID   1987

Second Prize Winner (Scots Section)   S.N.O.P.C. 1988.

his lane/alone   yowes/ewes   bield/shelter   flowe/bog   disjaskit/
downcast   dowie/sad   kail/vegetable broth   wale/choice,the best
ocht/anything   cogie/wooden stool   kain/rent,tribute   maun/must
gangrel chiel/vagabond fellow   fremit/strange,foreign   lippent/en-
trusted   fash/trouble,bother   ava/at all   saugh/willow   havers/non-
sense   fand nocht/found nothing   founert sair/sorely exhausted
chapman/packman   happit/covered, wrapped   bere/barley   brose/
dish of oat- or pease-meal   fain/willingly   eenou/at the present time
taigled/delayed   buss/bush   dumfounert/amazed,thunderstruck

LAMENT FOR CONNEL BURN

On a braid knowe-tap by Connel Burn
Whaur ance stood Auld Bank Pit,
Lang raws o excavators
An giant bulldozers sit —

— Or raither crouch like muckle beasts
Wi great metallic jaws,
For rivin oot the bonny hert
O braes, an holms an shaws,

Whaur peesies ance birlt ower their nests
An whaups cried frae the hill,
While doun ablow, the tree-clad glen
Wad echo tae the trill —

As shelfies, reidbreists, blackies,
Cushie-doos an wheetie-wrens,
Sang in chorus oot o every buss
Frae Laglaff, doun by Stepends;

As dippers doukit in the burn
An flew frae puil tae puil,
An stane-chippers "chakkt" atap the dyke,
When a roe-buck drank its fill.

Frae Burnfuit, Bank an Connelpark,
— Like blin-bats tae a flame —
The magic o that wild glen
Drew laddies faur frae hame.

Wi brammlin worms they'd fish for troots,
Play sodgers in the wid,
In heid-high bracken mak their dens
As frae their pals they hid.

Burnt berry-broun frae heid tae fuit
They'd dam the burn wi stanes,
An a gleefu glen wad ring wi cries
O bare-scud doukin weans.

Nou wae's the herts o daunerin men
Harkin back whan they were boys,
Tae hear the Connel Burn resoun
Tae anither kin o noise —

— As screivin, scartin, roarin beasts
Wi blades, or clawin airm,
Obliterate the hatchery,
An auld Culcreoch Ferm;

Rivin earth, an trees an rocks,
Strivin tae win their goal —
Ance hard-wrocht juist wi miners' picks,
Yon rich black diamonds — COAL.

They maun only hope, as years gae by,
When aa the howkin's duin,
That muckle bings are levellt oot
An craters aa fillt in;

Aiblins then the scaurs will heal,
The burn rin kirstal clear,
An the bairns'll play in Connel Glen
Juist like yesteryear.

J.A.BEGG   1984

rivin/tearing shaw/coppice peesie/lapwing birl/whirl whaup/curlew
shelfie/chaffinch reidbreist/robin cushie-doo/wood pigeon wheetie-
wren/willow warbler stane-chipper/wheatear blin-bat/moth bare-
scud/naked daunerin/strolling screivin/scraping howkin/digging
bing/spoil-heap

THE AULD YOWE

The auld yowe lay as I gaed by,
Speldert on the saun,
She didnae rise an rin awa,
She widnae even staun.

Tentless o man an win an rain,
Fou laich on the river bank,
Frae oot her auld black grizzlt heid
Her een stared dim an blank.

Her droukit fleece ris up an doun
Wi shalla souchin braith,
An I thocht the puir forfochen beast
Wis gey near untae daith.

Syne my hert gied a lift whan I luikit back
An saw her on her feet,
— Awa ye go, ye daft auld yowe,
An hae a bite tae eat!

— But gin anither oor had passed,
My grief I scarce cuid hide,
Whan I fand the auld beast stiff an cauld,
Cowpt ower on her side.

Alane she de'ed by the watter's edge,
Founert wi June's fell rains,
An niver a blink o simmer sun
Tae warm her tired banes.

The auld yowe nou bereft o life
Lay sprauchlt on the grun,
Her edders fou o mither's milk,
Tho her mither's wark wis dune —

— For oot on the holm, twa hafflin lambs
Thegither crappt the grass,
Wi ne'er a thocht in their wee horned heids
On whit had come tae pass.

J.A.BEGG   1983

speldert/stretched out   laich/low   droukit/soaked   souchin/sighing
forfochen/exhausted   founert/chilled to the bone   sprauchlt/sprawled
edders/udders   hafflin/half-grown

27

THE BULL

Whan simmer days are lown an warm
The wee bit park ahint the ferm
Is whaur they let me lowse awhile,
Free o the byre that's still my jyle.
                    But I bide my time.

An whiles they let me rin ootbye
In braider fields, amang the kye.
E'en bulls maun wark tae earn their breid,
An maist wark's waur than sawin seed.
                    But I bide my time.

'A quate bit beast,' my maister says,
The man wha rules my nichts an days.
My tethered lust steers at his will
— His couthy, canny Ayrshire bull.
                    An I bide my time.

For whiles, as I staun in the lanely park,
Deep doun there lowes a bluid-red spark
Frae the time whan my kind roamed ower the lan',
An rowted their pride 'gainst beast an man.
                    An I bide my time.

For there's aye a day whan a man forgets
That nowt beasts are na pauchlin pets.
A dunt, a birl, an — shair's I'm born —
I'll hae his breist-bane 'neath my horn!
                    Sae I bide my time.

                              J.REID   1987
lown/calm lowse/loose,free jyle/jail couthy/friendly canny/gentle
rowt/bellow nowt/cattle pauchlin/shuffling,hobbling dunt/knock,
blow

28

THE COMMUNICATION GAP

Frae the stert, the warst bother the byllies had whan gairdin puils at nicht wis puir communication. There wis nae wey o tellin whit the lads were daein a hunner yairds doun the watter, an for aa ye kent they cuid be fechtin for their lives, drount, or juist awa hame! Walkie-talkies were the answer, an no lang efter they were bocht there wis a spell whan we were tormentit wi pub-talk that the village gangs were giein us the rin-aroun, nettin the Big Hoose watter yae nicht, then the puils ablow the village the next. Sae a wheen o the lads foregethert yae Friday nicht an we split intae twa groups. Wee Alec, Jim an Wull, Dougie, Hughie an Franco the Belgian byllie, wi twa walkie-talkies, heidit for the Big Hoose, while we tuik the ither yin twa miles ablow the village an stertit tae walk back. Crossin fields at deid o nicht is aye a chancy business — ye niver ken whit ye micht rin intae — an this nicht wis nae exception! Jock, Tam, Big Mick an mysel were hauf-wey across the meedow whan a dizzen or mair muckle bleck sheddaes loomed up oot o the mirk. Hauden still for a meenit, we cuid hear the souch o their braith an the crump o teeth chowin on gress.

'Ach, it's only kye!' said Tam. 'C'moan!'

'Mebbe they are only kye,' I craikt, pyntin tae a muckle shape lyin doun forenent us, twice the size o aa the lave an wi shouders like an elephant, 'But whit's that!'

'Bluidy hell!' gasped Tam, an wi that we aa stertit walkin backwards an sidieweys till nearhaun the fence — aa, that is, except Big Mick. Mick workt the ferms an kent a thing or twa aboot beasts.

'Awa ye go, ye big fearties!' he jeered. 'It's only yin o thae big Romagnola bulls frae Italy; they're big saft bruits an as quait as lambs. Ye can even gae up an scart their backs. See!' An wi that he disappeart intae the nicht towards the muckle beast. We aa held oor braiths. The daft bugger, I thocht tae mysel, will get himsel killt. The saiconts passed an naethin happened — then oot o the darkness cam Mick, no quite as cocky as he had been a meenit syne.

'Whit happened, Mick, did the bull no hunt ye?'

'Hunt me?' gruntit Mick. 'It wis only a bluidy tree trunk!' We nearly wat oorsels lauchin!

29

An sae relieved, in maur ways than yin, we walked up the watter wi niver a sicht o poachers, till we saw the lichts o the village.

'We suid be in radio contact nou,' I said. 'Come in Delta Bravo Two, do you read me?' We kennt aa the richt jargon by this time. There wis nae reply. I tried again, an again — still nae reply. An juist as we were aboot tae gie up, there wis a creckle, an a faint furren vyce cried, 'Dere eez anodder yin! Bliddy Mary, dees eez no real!'

'Come in Delta Bravo two — do you read me — whit's up?'

But there wis nae further message, an there we were left, in whit ye caa a radio black spot, no able tae help oor mates — an them up tae their een in poachers!

Whan we met up an oor later, a quick heid-coont showed nae prisoners.

'Whaur's the poachers? Whit happened? We heard an awfy curfuffle on the walkie-talkie!'

'Poachers?' lauched Wull. 'There wisnae ony poachers, but whit a tare we had! Me, Hughie, Jim an Dougie went up tae the Tap Puil, an Wee Alec an Franco sat doun by the gairden.....'

'Aye,' Wee Alec chipped in,'we were nae shuiner settlt whan the gairdner an a guest frae the Big Hoose cam doun tae fish for seatroot. We let them ken we were there, an aff they went tae fish the Gairden Puil. Tae Hell, they hadnae been doun mair'n hauf an oor whan we heard thir twa comin alang the pad, an were juist aboot tae lowp them whan we heard their vyces. It wis the twa wives doun tae speir hou their men were daein! Jeez, we cuid hae been had up for raip!'

'An ven dere twa dugs started sniffin aboot oor erses,' said Franco, 'I had jost aboot bliddy enoff!'

'So wad the dugs, sniffin aboot you!' cracked Hughie.

'But wait tae ye hear whit happened up oor en,' said Wull 'Dougie an me were hidden in the busses at the fuit o the Tap Puil, wi Jim an Hughie lyin at the heid o the puil, whan we heard the splash o a whusky bottle hittin the watter. Ah nearly lowpt oot ma shurt! An then comes alang this young thing — ye cuidnae see her weel, but her scent wis smashin — wi her laud trailin fower yairds ahint her cryin — "Darlin, do you luv me.... do you luvvv me.... do you luvvvvv me?" She didnae say ocht, but gied a wee giggle an a wiggle nou an again, tae lead him oan, as they daunert up the pad. Jim an Hughie hadnae a radio an didnae ken whit wis comin.'

31

'Ye're tellin me!' said Hughie. 'Aa we saw wis thae twa poachers comin tae us, an thocht Wull had let them by so as we'd nab them atween us. Sae we waited till they were abreist o us, then jumpt them. Whae got the biggest fricht I'll niver ken! Aa ye heard wis this lassie scraichin her heid aff as her an her man skelpt hell for leather across the field tae the road. We had tae rin efter them shoutin — it's aa richt, we're byllies — an managed tae stop them at the brig.

'It tuik a wee while for the lass tae caum doun, but at the hinner-en she saw the funny side o it — tho Ah don't think they'll be coortin doun the Big Hoose wids again!'

J.A.BEGG

33

J. A. B.

THE ROE DEER

I thocht tae shuit some cushats that were feeding on the corn
Sae I tuik my gun an gemm-bag, an set oot ae August morn.
I sat doun by the dyke-back whaur a hawthorn made a bield,
An wi the win ahint me, I kept watch oot ower the field.

A wee bit movement caught my ee, alang the rashy bauk,
An doun the dyke-back cam a roe, wi quate an canny walk.
She was cleidit braw in russet wi the sun bricht on her pelt
An baith nose an ear were questin as she passed the larick belt.

An near she cam, an nearer, tae the dykeside hawthorn tree
Whaur I sat, nou hardly breathin, wi the gun across my knee.
She checked, tae pree a mouthfu, whaur the gress grew saft an green,
An cushats passed unheedit as I sat as still's a stane.

She moved like something lowsed frae time, a spirit licht an free,
As denty as a dancer, wi a sunglint in her ee,
An she stepped sae licht towart me, wi a dignity an grace,
That I rase wi hert near burstin, an we stuid there, face tae face.

For lang, lang braithless saiconds I luikit in her een
An saw nae fear, but simple pride, an smeddum o a queen.
I raised my haun in pairtin as she turned tae lowp the dyke,
An she cleared it like a swallow, wi naither fash nor fyke.

Sae I turned back tae the cushats, still flittin tae an fro,
An bagged an antrin ane or twa — but my thochts were wi the roe.

J.REID   1986
Clement Wilson Trophy (Scots Verse) S.N.O.P.C. 1987.

cushats/wood-pigeons   bauk/unploughed ridge   cleidit/clothed
larick/larch pree/taste smeddum/spirit,mettle fash/trouble fyke/fuss

35

THE SAUMON AN THE WEE BROUN TROOT

No faur frae Ayr's auld honest toun
There's a deep dark puil on bonny Doon
Whaur the current swirls by an auld tree ruit
That's hame sweet hame tae a wee broun troot.

As wee troots go he's no that big,
But cocky, smert an unco trig,
Aa dressed up in a gowden coat
Spangled wi mony a bluid-rid spot
Like rubies on a royal blanket;
— My, hou that wee fish jinkt an swankit
An pit on siclike airs an graces
Kept minnons an peenheids in their places!
Aft-times he'd lowp heich oot the puil
Arch ower it's surface mirror-still,
Narcissus-like, tae luik an flatter
Himsel — reflectit in the watter.
A dizzen times or he said it yince
He'd cry oot 'I'm sic a braw wee prince,
Ower troots an fishes big an smaa
I'm shuir tae rise abune them aa;
Gin I grow big I maun be King,
For facts are chiels that winna ding!'
— Then efter cuttin sic a dash,
He'd faa back in — wi sic a splash!

Aa throu Spring an Simmer lang,
Ilk day wad fin oor wee troot thrang,
Nabbin nymphs, an gnats, an duns
Swept doun throu the shalla runs;
Or on the bottom micht he revel
At grabbin gadgers oot the grevel;
While ither times he had his feasties
O watter snails an caddis-beasties:
Gin gurly spates roart throu the dubs,
He'd guzzle worms an docken grubs,
That tummlt in an birlt aboot
His bield aneath the auld tree ruit.

For aa he acted like a daftie,
As months gaed by, he grew mair crafty,
An learnt gey quick whit worms were stuck
On the berbs o a Thomson-taikle heuk;
Yince jagged, twice shy, he sune cuid tell
The difference atween a heuk size twel',
Buskit tae luik like an Olive Dun,
An the real live flee floatin doun the run.
Life wis guid, an weel he kent it,
His wame wis fou, himsel contentit.

But Simmer days pass by sae sune,
An Autumn spates cam rummlin doun;
Syne aa his regal hopes were dashed,
Whan intae his wee bit puil there splashed
A fish whase like he'd niver seen —
— Wee troot cuid scarce believe his een;
The waves near tummlt him tail ower fin,
An knocked the rid spots aff his skin,
As he dertit aneath his auld tree ruit,
Whaur chitterin wi fricht he keekit oot.

Ae sicht o th' incomer's vast dimensions,
An he quick forsweirt his royal pretensions.
He luikt him ower frae kype tae tail,
'Guidsakes!' wunnert he. 'Is this a Whale?'
Then luikin again at his muckle jaw,
Thocht — 'He micht be big, but he's no that braw!'

As time gaed by he grew less feart,
Poked his wee heid oot an cannily speirt —
'Whit caa they you, ye muckle lump?
That's breinged in here wi sic a thump,
An frichtit troots richt oot their wits,
Near giein them aa aquatic fits!'

Wi that the big fish gied a froun,
Syne flickt his tail an luikit roun,
Tae spy the wee troot keekin oot
Frae's hidey-hole in the auld tree ruit.
'Wis it you that spoke, ye shilpit thing?
I'll let ye ken that I'm the King
O aa the fishes in this river;
I'm big, I'm braw, an unco clever,
An mebbe yet I'll tak the notion
Tae be King as weel o aa the Ocean!'

37

The wee broun troot cam oot his den,
Bou'd doun fou low, swam forrit, then,
Wi trimmlin vyce apologised —
'Guid Sir, I niver realised
That you were YOU, sae great an true,
Whan thae words cam oot my silly mou,
The likes o which I nou regret,
An hope an pray ye'll quick forget.'

King Saumon humphed an gied a grunt,
'Och, haud yer wheesht, ye daft wee runt,
It's mebbe juist as weel for you
I'm feelin aff my meat the nou!'

Therefter for a while at least,
The twa fish kep a canny peace;
While wee troot listened aa intent,
Tae Saumon's spiel o hou they went
Awa tae sea as wee-bit laddies,
'Mang herrins, mackerel, cod, an haddies;
Hou they journeyed faur an lang an late,
Past the Faroes Isles tae Denmark Strait,
Whaur they steyd, an ate an grew like kings,
On squid, an prawns an siclike things.
He tellt o these an ither tales;
O escapes frae seals an killer whales,
Frae baited lines, an great lang nets
Streitcht 'cross the river mous like yetts,
Whaur he'd strugglt an threshed till net wis torn,
Tae win the burn whaur he wis born.

'Sae nou ye ken, ye puir wee troot,
Why I'm King o Fish withoot a dout;
Bauld, fearless, haunsome, that's my style,
An blessd wi mair'n my share o guile.'
Wee Troot said nocht, but let him blaw,
Whan sudden across the puil he saw
Dert an hover in the stream,
The saumon gourmet's wildest dream —
—A size six Thunner an Lichtnin flee!
The Wee Troot stared wi frichtent ee,
An ere he'd warnt his freen — 'Tak tent!'
The big yin flickt his tail an went
Mooth-wide, heid-furst, richt intae trouble,
Whan his kype gat huikit by the 'Double'!

For a saicont or twa there wis a pause,
Till he jaloused whit jagged his jaws,
Wi fearsome wrath at sic abuse,
He lost the heid, aa Hell broke loose:
He streakt across an doun the stream,
While up abune a purn did scream
As line wis strippit tae the backin;
He stoppt an turnt, the line did slacken,
Then up the puil again he surged,
Wi thochts o freedom onwards urged;
Three times he lowpt tae sic a hicht,
His mortal foe near de'ed o fricht —
— Whase hert a-race wi palpitations,
An thochts o early celebrations,
Near gied him an apoplectic fit —
— Whan his fish fell in by the auld tree ruit;
Whaur, by a bonny stroke o luck,
Line fanklt roun an firmly stuck!
Auld Saumon heaved wi aa his wecht
On the feathert huik, an poued it strecht,
He shook his heid an muckle mou,
Then yae last tug — an oot it flew!

Feart his freen had come tae grief,
Wee Troot luikt on wi great relief,
Tae see him let aff wi nocht beside
A gowpin jaw — an duntit pride!

King Saumon, it wis plain tae see,
Wis nae the fish he uised tae be;
A lot mair ceevil an unco quait,
'Twas nae surprise gin anither spate,
The big fish bade Wee Troot 'Adieu',
An tootled aff tae pastures new!

Wee Troot tae wis less conceitit —
— Nae wish tae see that tale repeatit,
Nor ettlt for 'Kingship' abune them aa,
—Lest Pride suid come afore a faa!

J.A.BEGG   1982
peenheids/minnow fry   chiels/lads   winna ding/won't be defeated
gurly/growling buskit/dressed wame/stomach kype/hooked lower jaw
breinged/barged keekin/peeping shilpit/puny   haud yer wheesht/be
quiet yett/gate rug/tug gowpin/throbbing

PISCATORIAL PENITENCE

O Roderick MacCallum, Esquire, o Stirlin,
My cheeks are aa blushes, my puir lugs are dirlin
Frae that flytin, three stanza, poetic rebuke,
On the seiven (lucky nummer!) o saumon I tuik
Frae the Doon on the flee: an I hope ye remember
I caught aa my fish in the month o September.
It's a credit tae me that I steyd sane an sober,
For I ne'er had a Pouk throu the hale o October;
Tho I fished the same flee — tae my great consternation,
It workit ower weel for Fish Conservation!

J.A.BEGG   1985

Following my best ever day's fishing on the River Doon, this piece
appeared in the Fishing Reports of *Trout and Salmon*:

"September 16 was a particularly memorable day for Dr.Jimmy
Begg, of Ayr, when he landed seven salmon on fly. They weighed
in at 8lb, 8lb, 8lb, 8lb, 6lb, 6lb, and 5lb, and were all taken on his
own version of the Stinchar Stoat's Tail tied on a one-inch copper
tube."

The wee poem above was dashed off in ten minutes, in reply to my close
friend Roddy's verses on this feat, gently chiding and deriding my claims
to be a Salmon Conservationist.

dirlin/reverberating   pouk/bite or pull

THE CRY O THE WHAUP

The laich cluds were hidin the stars frae sicht,
An smoorin the licht o the mune,
Whan oot o the deid o a snell Mairch nicht
Ower my hoose in the hert o the toun,
— Cam the saft plaintive cry o the whaup.

Then the hale lift abune wi their echoes did ring
As they sang their wey back tae the hill,
Hidden wings beatin fast tae the rhythm o Spring
An my hert beatin fast tae the thrill
— O the wild tirlin cry o the whaup.

Would that I were gaun wi ye, ye lang-nebbit birds,
Tae the moss-hags, the mist an the rain,
Back hame whaur the sauls o the Martyrs an herds
Still steir tae that hauntin refrain
— The wild lanesome cry o the whaup;

Whaur the wee muirland burns chuckle ower the stanes,
An the wee troots come free tae the creel;
A warm shiver o pleisure rins ower my banes
At that music I mind o sae weel
— The wild trimmlin cry o the whaup.

O mony's the day in the heather I'd lay
Forenent oor auld hoose at Knowetap,
Wi auld Mungo, a-watchin their coortin display
As doun frae the sky they wad drap
— Wi that wild dirlin cry o the whaup.

Throu hail, rain an snaw may ilk hen bird sit ticht,
Or the corbies wad herry her nest,
May her mate be aye ready tae gie them a fricht,
That the muir micht forever be blesst
— Wi the wild hauntin cry o the whaup.

J.A.BEGG   1984

smoorin/obscuring snell/cold lift/sky tirlin/thrilling lang-nebbit/long
billed   moss-hags/peat moors   Martyrs/murdered Covenanters
corbie/carrion crow   herry/rob, harry

TOD LOWRIE

Snug in the bents near the cauld hill tap,
I watch the gemmie gang through the slap
In the auld stane dyke abune the glen
Tae luik his traps — ilk ane I ken!
For he canna hide his scent an sign
Frae a tod wi a neb as gleg as mine.

Whan he an his dugs are weel awa
I'll dauner doun tae the fields ablow,
An stroan in the bygaun on his snares
That he howps will tak me unawares.
Feth, I ken mair than he'll ever ken
O the tricks an traps o mortal men.

Gun, snare an trap, an pooshan fell
I've learnt tae jouk by sicht an smell,
An that eerie sense, ayont the five,
Has brocht me whiles frae skaith alive,
For friens I've nane.   Come richt or wrang,
Men hunt me everywhaur I gang.

I canna say they're aa tae blame
For I'll dae ocht tae fill my wame.
The cottar's hen, the dwaibly yowe,
The maukin beddit in the howe,
The laird's braw phaisants, stapped wi corn
— Aa these hae pit me tae the horn.

E'en whaups an peesweeps heize their cry
Whan I'm daein nocht but slippin bye
In the early morn tae my lanely cairn,
Safe aince again frae leid an airn.
Sae I lift but my lip at their lood onding
— But I'll herry their nests in the comin spring!

J.REID   1985

Tod Lowrie/the fox   gemmie/gamekeeper   slap/gap   gleg/keen
ablow/below   stroan/urinate   pooshan/poison   skaith/harm
dwaibly/weak,feeble howe/hollow put to the horn/to outlaw airn/iron
onding/outburst

COPS AND ROBBERS

At the back-en, whan the big seatroot an furst grilse stert rinnin the burns, some in their bleck or tartan spawnin jaikets an ithers still fresh-run baurs o siller, there are times whan the byllies dinnae ken whit wey tae turn.

If it's no gangs o poachers doun the watter nettin puils stappt fou o fish, it's hauf the village oot wi lichts up the burns, luikin for "yin for the pot", an cleekin dizzens o saumon and seatroots aff the spawnin redds. As there's a wheen o "pots" in the village, we cuid hardly turn a blin ee tae thae ongauns, an I mind fine o yae nicht in parteecular whan we set oot tae gie them a fricht.

Wi oor walkie-talkies we cuid cover a lot o grun, an while Alec, Wull an mysel gaed up tae check the burns ablow the loch, Jock, Mick an Ian were watchin the Kirk Puil doun by the auld Airn Furnaces, whaur there's nou a coal-ree for the open-cast workins up on the muir. Aa wis quait on the burns, aither because the last run o seatroots were spawned an awa the nicht afore, or else they hadnae spawned, but were still awa, the nicht afore!

Heich on the hill abune the village, we were juist stertin tae chitter a wee bit wi the cauld whan, aboot hauf-eleiven, the walkie-talkie crecklt intae action.

'Hullaw, Delta Bravo Yin, dae ye read me?'

'Loud an clear, Delta Bravo Twae,' — an so we cuid, even tho they were fower miles awa doun the glen — 'Is that you, Jock?'

'Aye, Andra,' cam back the reply. 'We micht as weel caa it a day doun here. The hale bluidy place is hotchin wi polis! Come doun an get us at the Auld Raw.'

Curious tae ken whit the devil wis gaen on, we wheiched doun the road in jig-time an met up wi the lads as arranged.

'Whit's aa the excitement, then?' speirt Wull, seein nae polis, nor ocht else for that maitter.

'Aa, it's aa by nou,' said Jock. 'But it wis guid while it lasted! Wisn't it lads?'

'Weel, let us in oan it!' demanded Wee Alec impatiently.

44

'Aa richt, Alec,' lauched Jock, 'Keep yer hair oan!' Wee Alec poued his bunnet further doun ower his bauld heid.

'We had juist set oorsels doun ahint the hedge by the roadside whaur wi cuid see ower tae the Kirk Puil, whan this caur comes alang an stops on the faur side o the road by the coal-ree. Twae men cam oot o the ree humphin secks o coal, sclimmt the fence an dumped the coal in the buit o the caur; then aff it went back tae the village wi twae o them in it, laein the third fella by the roadside. This yin hung aboot for a wee while, luikin gey conspeecuous, an then did he no decide tae come across the road tae hide ahint the hedge aside us! We cuidnae believe it whan the bugger crawlt alang the side o the hedge an courit doun nae mair nor five yairds frae Big Mick withoot even jalousin we were there!'

'Aye,' grinned Mick, 'But he shuin gat the message whan Ah whuspert tae him tae get tae bluidy Hell oot o there. He wis aff his mark an oot yon gate like a whuppet oot a trap!'

'An juist then his mates arrived back wi the caur for anither raik o coal,' continued Jock,'An they were nae shuiner oot the motor whan this polis caur, that must hae been hidin ahint the Auld Raw aa the time we were there, comes fleein oot on twa wheels wi its blue licht flashin an its siren screamin, an corners them in the lay-by. The polis lowpt oot an got them streitcht ower the bunnet o the caur.....It wis juist like somethin oot o Starsky an Hutch!'

'Aye, an their language wis somethin terrible,' complained Ian. 'We cuid here every word they said.'

'Ach, awa! Ah bet ye cuid hae learnt them twae or three mair nor they kent aaready!' cut in Wull — for big Ian himsel wis niver short o three sweir words whan yin wad dae!

'Onywey,' Jock went on, 'In case the fella pyntit the finger an got us arrestit as weel, we cam oot o hidin an went across tae let the polis ken whit we were up tae. An that's the story!'

'I'm shuir there'll no be a poacher within five miles o here nou, wi aa that cairry-oan!'

We aa agreed. But it wis juist gone twal o'clock, the nicht wis young, an there wis nae future in gaein hame tae bed juist whan the wife wis drappin aff tae sleep! Sae we decided tae gae doun the Big Hoose watter for an oor tae check the Gairden Puil, for it had shown signs o bein nettit at the week-en. Wi a wee rin on the watter since then, there wis a guid chance that it micht be done again the nicht.

It wis a nicht mair like August than October, wi nae mune, an thick laich cluds maskin the stars an smoorin ony reflectit licht frae the touns an villages. Whan we got tae the wid, it wis as bleck as the Earl o Hell's waistcoat, an gaun doun the pad by the watter-side, ye cuid see nae mair nor twae feet forenent ye, an aa that kep ye frae duntin the man in front wis a wee gliff o licht, like a luminous watch, frae the mirrored gless o his torch. It wis gey eerie, an we were gled tae reach the open spaces o the Big Hoose gairden whaur we sprauchlt on the gress ablow the rhododendron busses anent the puil.

Bein October, we were weel happt up, wi heavy jaikets, twa pullovers, an twa pair o troosers on tae keep oot the cauld, an it wis sic a close nicht that we were gey snug aneath thae busses. That snug, in fact, that yin by yin we aa fell fast asleep! It wis weel efter twae o'clock whan Big Mick woke furst an roused the rest o us wi a gentle thump frae his fermer's buits.

'My, ye're some bluidy byllies!'he scoffed, wi aa the virtue o the yin that woke furst. 'Ah cuid hae nettit that puil fower times while ye aa lay there sleepin, an ye'd been nane the wycer!'

Then, as an efterthocht — 'Mind ye, if Ah had been a poacher Ah'd been mair like tae hae run a mile insteid, for wi aa that snortin an snorin, the wid soundit like it wis hauntit wi a pack o were-wolves!'

J.A. BEGG

STILL "RIDIN ALANG..."

Verses written for the Seventy-Fifth Anniversary Re-union Dinner Dance of the Forty-Sixth Ayrshire (New Cumnock) Scout Group, held in the Coach House Hotel, New Cumnock, on Saturday 5th October 1985.

My Granpa Davie Currie ran the Scout Troop up at Bank,
Afore the Furst Warld War, in days lang syne;
An my Mither helped John Edwards tae rin New Cumnock Cubs,
Till the Saicont War broke oot in Thirty-Nine.

An tho it seems like thirty weeks, it's mair nor thirty year
Sin I ettlt tae gang that gait mysel,
An daunert doun the Miller Road tae jyne New Cumnock Scouts,
'N like the rest faa under Baden-Powell's spell.

Alec Geddes made me welcome, an so did John Burgoyne,
An I shuin fell in wi aa the queer-like ploys —
'Man the Ship' an British Bulldog, an 'O'Grady says dae this',
An ither weys o makin muckle noise!

Aff tae camp we'd gae in summer wearin Airmy Surplus kilts,
Wi oor Airmy Surplus kitbags fou o claes,
Cook wi Airmy Surplus dixies, sleep in Airmy Surplus tents,
While oor Airmy Surplus blankets warmed oor taes.

Wi Airmy Surplus trenchin-tools, an Airmy Surplus spades,
We'd dig a sheugh three fuit, by twae, by yin,
An we'd squat in that latrine, wi the sheugh oor legs atween,
An grunt, an hope an pray we'd no faa in!

A fortnicht's camp in Ireland awa back in Fifty-Fower,
Cost a fiver for train an boat an meal,
Six hunner-wecht o tatties, an fourteen dizzen loaves,
An oor photo in 'The Bulletin' as weel!

The Scout Group in the Sixties gaed frae strength tae strength,
The auld wid hut wis burstin at the seams,
But Whist Drives, Rag Drives, Concerts, an the sale o Christmas
                                                    Cairds,
Raised the siller for the Scout Hut o oor dreams.

47

For this we thenkit parents, wha gied us o their time,
Like C. McLatchie, Mrs. Nairn, an Jimmy Bain,
An ither unsung heroes wha'd tak ower lang tae name,
But wha's spare time tint wis ever Scoutin's gain.

I wis prood tae help Tam Lisett tae rin the Forty-Sixth,
Wi Nodder, Jimmy Findlay, John Burgoyne,
While John Nairn ran the Cub Pack in his ain efficient wey,
Alang wi brither Tam an Ian McCron.

Dan Kennedy's auld lorry, or Lindsay's cattle float,
Wad cairt us aff tae mony a cheery camp,
While courit amang the campin graith, we'd sing awa the miles,
Heedless o rain, cauld wins, or muscle cramp.

These were days o fun an pleisure for oorsels an for the Scouts,
Oor tents were nou J.Black o Greenock's best;
An the lads wha did the cookin an survived tae tell the tale,
Cuid be put in ony kitchen tae the test!

Awa went lumpy parritch, drount mince an taurry tea,
Chips fried in butter, margarine an lard,
Burnt custard (juist aboot!) became a memory o the past,
An pot-roast cookin wisnae aa that hard!

They built rafts an aerial runways, an rope brigs across the burn,
Canoed in loch, an doukt in sun-kisst puil,
Won Campin Competitions an District Challenge Hikes,
An trampt across the hills tae faur Glen Trool.

Hou the scentit smell o wid-smoke still wafts aboot my neb,
I can see the sparks drift skywards oot o sicht,
An the creckle o the campfire lang lingers in my lugs,
As *Abide Wi Me* is sung tae end the nicht.

I can taste the mug o cocoa juist afore we beddit doun,
I can hear the lauchs an keckles frae ilk tent,
Finin doun tae whuspert murmurs afore they drappt awa
Tae the deep an dreamless sleep o lads content.

I can hear the burds' dawn chorus, sense the stillness o the morn,
Feel the dampness o the dew upon the grun,
Hear the clout o aixe on wid, an the clang o dixie lid,
That lets us ken anither day's begun.

But hou-ever lang we dwell on that Scoutin magic spell,
We maun cast oor minds back five-an-seiventy year,
For there's men we owe a debt, an we niver suid forget
That wi'oot their wark we'd no be sittin here.

We'll no argue on the merits o the Toun Troop or the Bank,
For in time they cam thegither aa the same,
An the wark o Davie Currie, Johnny Cairns, an H. Burgoyne,
Lives ever on regairdless o the name.

Some will mind o Alec Gallagher, an Wullie Morrison,
Pompey Broun, an Rover Leader Geordie Black,
An Jim Kerr's inspiration an the courage that he showed,
Whan lyin rackt an helpless on his back.

There's that legend Johnnie Edwards, wha wi kind an gentle care,
Had his Wolf Cubs tamed an eatin oot his haun;
An the folk I dinnae ken, aa the lassies an the men,
Wha've helpt New Cumnock Scouts gae on an on.

Whan they reach their Hunnert Year, I for yin will hae nae fear
That we'll fin New Cumnock Scouts baith hale an thrang,
An we wish them Aa the Best, an keep 'Ridin on the Crest..',
In the words o that maist famous Gang Show sang.

J.A.BEGG   1985

gait/road   sheugh/ditch

THE WEE SHREW MOOSE

Twa thousan feet up Blackcraig Hill
A wee broun beast lay stiff an still,
Held in a snaw-wraith's icy chill
By winter's grip,
A tuim matchbox it widnae fill
Frae tail tae tip.

Nae mammoth this frae ages past,
In glacier ice a statue cast,
Nae shaggy fleece tae face the blast
Like black-face ewe,
It lay juist whaur it souchd its last
— A pigmy shrew.

I mused as ower its corp I kneeled,
'Wee thing, whit garrd ye lae the bield
An rin across this snawy field
I'll niver ken,
Tae dee but a yaird frae th' rocky shield
That wis yer den.

'Ne'er grippit ticht in whitreck's jaw,
Or short-eared houlet's needle claw,
Frae doun the ermine's muckle maw
Ye joukt unskaith',
Till smoord by wraiths o Januar snaw,
Ye met yer daith.'

J.A.BEGG   1984

Clement Wilson Trophy (Scots Verse)   S.N.O.P.C. 1985.

souchd/sighed   garrd/compelled   whitreck/weasel   houlet/owl
ermine/stoat

THE RED SEA CROSSING

The brickwork ran like a weel-gaun mill,
Wi bricks piled up in a muckle hill,
An Moses wiped the sweit frae his broo
As he keekit tae see gin the kiln wis fou.
A sodger chiel cam up at his back
An leant on his spear an stopped for a crack,
Syne Moses caad ower tae his brither Aaron,
'Juist see that the wark gangs on — nae sparin.
This sodger says I've tae gang tae the palace
Tae hear whit Pharoah has tae tell us.'

Sune he chapped on the door o Pharoah's ha
An gaed straucht in at Pharoah's ca.
'Guid mornin, Pharoah,'says he, no blate.
'Guid mornin,' says Pharoah. ' Tak a sate.
I've caad ye in aboot these bricks,
For things are gettin in a fix.
Whit wi pyramids an palaces
Your lads will hae tae rax their galluses.
Tae meet my plans in ilk iota
They maun pit oot a bigger quota,
An juist tae free a cairt or twae
They'll hae tae gether their ain strae.'

'This is a maitter for the union,'
Said Moses,' but, in my opeenion,
It's fair yont sense! Mair bricks! Nae strae!
Wad ye hae us workin nicht an day?'
He daudit the door near aff its hinges
Syne back intae the brickwork breenges,
Caas oot the men an tells them stark
Bauld Pharoah's plan for increased wark.

'Tae Hell wi this,' cries ae heid ganger,
'We'll thole Egyptian rule nae langer!
Let's gether aa the graith we can,
An set aff for the Promised Lan!'
Sae Moses, wi his kith an kizzens,
Herdit their nowt in droves an dizzens,
Yokit cairts, filled bynes an barras,
An fettled gairds wi bows an arrows.
(But naebody seemed tae tak the notion
They micht need boats tae cross the ocean.)
Sae, wi a steir wad deave a miller,
Sheltered tween clood and fiery pillar,
Wi wives an weans, doos, hens and bestial,
They set oot on their path celestial.

Days later, tired o stour an heat,
They ettled sair tae rest their feet
An soum or paidle in the sea,
But that, alas, wis no tae be.
For ill-set Pharoah had renagit,
Forgettin hou he had been plaguit,
An nou, for aince, wis aff his hunkers
Tae chase his Israelitish plunkers!
His chauriots drave as though gane wud,
An Moses saw they meant nae guid.
Wi's muckle stauve he gied a blatter
An jauped his goun wi saun an watter,
But, Goad be here, the reamin tide
Gaed rowin back on aither side!

An sae, oot ower the shinin saund
They crossed intae the Promised Land.
But time wis short. 'Chase on thae laddies,'
Moses cried. 'Nae time for haddies,
Or guddlin 'mang the kelp for cod.
There's Pharoah comin doun the road!'
The Israelites stood on the shore
An watched as Pharoah cursed an swore,
While aa his drivers, near an faur,
Sank aye the deeper in the glaur.
'Ach, boys,' said Moses, 'it's a sin,
They'd aa be better happit in.'
Wi that he struck aince mair the watter,
An feenished, mair or less, the maitter.

J.REID   1975

crack/talk   chapped/knocked   blate/bashful,timid   rax/stretch
galluses/braces   yont/beyond   stark/vigorously   graith/possessions,
wealth kizzens/cousins yokit/harnessed byne/washtub steir/uproar
doos/pigeons   bestial/livestock   stour/dust   soum/swim   hunkers/
haunches plunkers/truants wud/mad stauve/stave blatter/heavy blow
jaup/splash,bespatter   reamin/owerflowing   guddlin/catching fish by
hand   kelp/seaweed   glaur/mud   happit in/covered over

W.H.T.INGLIS

To W.H.T.Inglis,Esq.,O.P.A.,M.A.,B.A.,F.E.I.S., Director of Education for Ayrshire, on the occasion of his retirement, December 1968.

'Nae man can tether time or tide' —
Sae warned the Bard whase words, wi pride,
Ye've praised an quoted faur an wide
Doun through the years.
An nou, Authority ye lay aside
— But no wi tears!

Regrets ye'll hae, I dinna doot,
As desks an drawers are cleared oot
An books an letters bring their fruit
Frae Memory's store
Recaain mony an effort stoot,
An mony a splore.

For there maun aye be ups an douns
An even dominies in their gouns
Are no withoot their frets an frouns
An tirrivees.
An then ye've had the sichts — an souns
— o committees!

A trauchled road it whiles has been,
But, luikin backwards ower the scene
O schules the day an schules yestreen
Ye can be prood,
For Ayrshire stauns, an will remain,
Abune the crood.

Whiles special ploys ye hae promoted.
For Broomlee Camps ye hae been noted.
Oor Summer Schules hae aft been voted
'Mang Scotland's best.
Tae France ower stormy seas ye've stotted,
An stood the test.

Braw letters staun ahint yer name.
Nearhaun a dizzen mark your fame
In scholars' ranks, wi three that came
Wi French embraces,
But friens ye've made by scores, at hame
An ither places.

As ane wha's watched ye mak your mark
Since first we met at Arrowe Park,
I'd like tae wish ye, free o cark,
Lang years on pension,
For weel ye've earned frae further wark
A clear abstention.

Time nou tae bool — enjoy a book —
Ye've granweans tae tak doun a douk —
Ye're no ower auld for rod an hook
(A sport sair slighted!)
Altho' I fear ye'll never look
Past Ayr United!

J.REID   1968

splore/escapade   tirrivee/fit of temper   trauchled/overburdened
stotted/bounced   cark/care,worry   Arrowe Park, Birkenhead : Site of
1929 International Boy Scout Jamboree.   (Mr. Inglis was Scoutmaster
of the Ayrshire Troop at that Jamboree.)

THE DOUKIE

Some wad say the bairns are lucky
Tae be cairtit frae the schule,
An learn the wey tae dive an soum
In a brent new indoor puil,
Wi heich gless waas an fancy rules —
—'Ye cannae throw that baa!'
An chlorinated watter
Tae keep the germs awa.

Withoot a dout they hae their fun,
Wi loupin splash an yell,
Whit's mair forbye, if truth be tellt,
I hae some fun mysel!
But I aye think back on boyhood days
Whan soumin puils we'd nane,
Syne doun the burn on a simmer morn
We'd gang an mak oor ain.

We'd lippen on a likely puil,
Pou aff oor socks an shune,
Oor troosers, sarks an semmits tae,
An syne get yokit in
Tae big a dyke o sods an stanes
Across its shalla tail,
An mak it baith sae braid an deep
'Twad gey near float a whale!

Then clarty weans, frae heid tae fuit
Aa slairit ower wi glaur,
Wi gleefu yells wad lowp richt in
An splash —- an gin they daur
The gallus yins wad tak a dive
Heid-furst frae aff the bank,
While ithers mebbe no sae guid
Juist swam twa strokes an sank!

Sic capers in the burn ere lang
Shuin syned aff aa the mud,
Some laddies wore their bathin-suits
An ithers doukt bare-scud;
But whiles the lassies came alang
An stymied siclike ploys,
An garrd the lads stert showin-aff
Wi daffin, dirlin noise.

Some chiels wad dae the back-stroke,
While ithers for a lark
Wad soum ablow the watter,
Like submarine or shark;
Or mebbe try a haun-staun,
Or daft-like duggie-paidle,
An shuin the kirstal-rinnin burn
Wis steirt up's thick as aidle!

But while we doukt an cairrit oan
Ilk body there wis gleg,
Whan a beastie happt on someyin's back
The cry went up — 'A cleg!'
Wi that we aa dived doun ablow,
Steikt nebs an haudin braith,
An whan we rose abune yince mair,
The cleg wis drount tae daith!

We'd soum awa the lee-lang day
At breist-stroke or the crawl,
Till yin an aa, baith big an smaa,
Wis chitterin wi the cauld;
Then courit-doun by a roarin fire,
Set roun-aboot wi stanes,
Wi ootstreitcht hauns we'd sit an talk,
An warm oor cauldrife banes.

Abune the Waa-heids tae the West
The sun sank doun fou low,
The heat went oot o sun an fire,
An nou 't wis time to go.
Forfochen, happy, hame we went,
Deid-weirit wi oor play,
Ye can keep new-farrant soumin puils
— Gie's a Doukie ony day!

J.A.BEGG   1983

Second Prize Winner (Scots Section) S.N.O.P.C. 1986.

lippen/come across,find   sark/shirt   semmit/vest   yokit in/set to
big/build   clarty/dirty   slairit/smeared   gallus/bold   syned/rinsed
stymied/thwarted   daffin/frolicking   kirstal/crystal   aidle/liquid manure
cleg/horse-fly   courit-doun/crouched   cauldrife/chilly   new-farrant/
modern   Waa-heids/local term for encircling hills forming New Cumnock
parish boundary (Cumnock = cwm & cnoc/hollow in the hills)

THE TECHNICALITY

Maistly, the Laird didnae mind twa or three daffin, yellochin laddies swingin back an forrit on ropes ower the Dam Puil on het simmer days, whan the watter wis bath-warm, an the saumon were lyin in the deepest holes weel oot o the glare o the sun. The laddies wad be enjoyin themsels takin heiders aff the rope intae the deep watter or soumin aff the bank, an twa or three times as I gaed by, I cuid weel hae dune wi a douk mysel.

Whit he did mind tho, wis whan some o the wee buggers, or their big brithers, tuik it intae their heids tae hae a go at the diseased saumon that lay oot o the main current an ticht in by the heich bank on oor side o the watter. While healthy fish lie deep, an are gey near invisible in only fower feet o watter, diseased saumon are markit aboot the heid, back an tail like lepers, wi a white fungus that stauns oot a mile, an whit wi them bein hauf blin, waik, an slow-movin as weel, they're no ill tae catch wi a gaff, snare, or treble heuks, or even by guddlin if yer grup's guid eneuch.

Nou an again, while walkin the watter, I'd come across a plastic poke, drappt in a hurry, fou o heuks, nylon gut an leid wechts, an ance even ane o thae wee square widden frames o the kind the laddies uised tae fish for codlin an coalies aff Ayr Pier, convertit for rakin saumon across the back, wi a big treble heuk an leid wecht insteid o the paternoster.

Sometimes it wad be the guff, an the bizzin o bluebottles, that wad draw me neb-furst tae a muckle fifteen pun corps, lowpin wi mawks an lyin under a buss whaur it had been plankt by laddies ower wabbit tae cairry it further, or haein saicont thochts aboot the sellin price! No that there wisnae a mairket for scabby fish, for we aa kent o twa or three hotels that werenae sweirt tae scrape aff the fungus an serve up the fish!

The McGinty brithers cut their eye teeth at this gemm afore they moved on tae the nettin, an odd times I wad see them walkin hame throu the toun, wat up tae the hochs, shune an aa, an ken damn fine whit they had been up tae, but cuid dae nocht aboot it, for their rods were aye weel stashd awa back at the watterside.

Nanetheless, ae August Sunday mornin, whan aa daicent saumon fishers were at the kirk, or at least haein a statutory day aff the fishin, I answert a chap at the door tae fin Neil, ane o the new byllies, pechin on the doorstep.

'Andra! Ah've juist come up frae the Dam Puil. Jimpy McGinty's there, fishin juist ablow the big tree stump. Ah don't think he saw me, but he moved awa doun the bank an the last Ah saw o him, he wisnae cairryin his rod. Ah cuidnae dae ocht for lack o a witness, sae Ah cam ower for you.'

'Haud on till Ah get my jaiket an Ah'll come oot wi ye, Neil! They're as fly as jylers, thae McGintys.... Guidness knows, they've had eneuch experience o them! As like as no, he's gaed doun tae the Laundry Puil, an we micht nab him there.'

Five meenits later, an we were on the riverbank.

'Whaur wis he fishin, Neil?' Neil pyntit tae a bit juist dounstream o the big stump left efter a twa-hunner year auld beech tree had been cowpt intae the puil aboot five year back, by the tail-en o a hurricane. It had aye been a guid lie for saumon, an by the wey the gress wis flattened an brunt dry wi the sun, it wis no the furst time oor freen had been there!

'Juist there! An by the time he had reached the laddies' swing tree, Ah cuidnae see his rod.'

'If Ah ken the McGintys, Ah'd sweir he's stashd it aboot here someplace, for the forester fand yin last year, hidden in thae brammle-busses by the auld stump. They've got een in the back o their heids, an can smell a byllie five miles doun-wind, sae the chances are he spied you afore you spied him!'

We raked throu the bankside busses, an the lang gress an ferns, richt tae the tail o the dam wi nae luck, but then, on the wey back, my een lit on a wee scliff o fresh dirt atween twa haw-trees.

'Haud on, he's gaed in here!' I cried tae Neil, an steppt intae the gap, whaur there were mair fresh scliff-merks but naethin else.

Neil cam in ahint me. 'There it is, Andra!'

'Whit?' says I, turnin roun tae see him pyntin abune my heid.

'His rod!' An there, juist twa feet abune me wis the butt-en o a spinnin rod pokin oot frae the branches o an auld yew tree.

'The slee bugger!' I gasped. 'An here's us pokin aboot on the grun — it must hae taken him juist saiconts tae slip it up there oot o sicht!'

I raxt up an brocht it doun. It wis nae carbon fibre beauty, but an auld fibre-gless thing wi the rod rings held on wi sticky-plaister, an the reel haunle mendit wi sellotape. The nylon gut wis forty-pun brekkin strain at least — strang eneuch tae tow the *Waverley* — an the McGinty-style treble-an-leid danglt frae the end.

'That rod-tip disnae luik strang eneuch tae haunle a wee troot, faur less pou a saumon oot sideweys!' I said tae Neil. 'I think we'll dae him a favour by takin it awa. He wad be awfy pit oot if it broke, wi him intae a big fish, an he lost his beer-money!'

A fortnicht later the drought showed nae sign o waikenin, an the puils atween the dam an the mill were gey near dried oot, for 85% o whit watter wis left wis rinnin doun the mill lade, an no doun the river itsel! A wee pickle tricklt ower the saunstane ledges at the tap-en o the Laundry Puil, but no eneuch tae lae the odd saumon daft eneuch tae try an rin the river get ony faurer, makin them easy pickins for poachers.

Early ae efternuin, I wis cannily makin my wey up the lade-side pad frae the mill, weel hidden by the owerhang o elm trees, whan I heard a splash, then anither. 'That's no a saumon,' I thocht, 'Mair like a stane!' An shuir eneuch, staunin on the saunstane ledge were twa young lads, chuckin stanes intae the heid o the puil tae fricht the fish doun tae the shallas, whaur Jimpy McGinty stuid up tae his hochs in the watter wi his rod an heuks at the ready.

'This is ower much for me tae haunle!' I decided. 'I'd best get the Polis!'

It wis a het day, an the twa young polis wha arrived at the mill had nae jaikets on —no even in their caur. 'The Super says we've no tae cairry jaikets in the Panda caurs in case they get nicked' — wis their explanation!

Wi their white sarks on, they were juist aboot as conspeecuous as bluidy pandas themsels as they stertit oot alang the pad, sae I cried them back. 'Luik, thae buggers'll see ye a mile awa! Yin o ye pit on my fishin jaiket, an the ither keep weel ahint oot o sicht.'

Frae a distance, I pyntit oot the three lads an said I wad gae ower tae the faur bank an chase them back across the saunstane ledge tae whaur the polis cuid nab them, for I jaloused they had crossed frae oor side in the first place. I wis feart they wad hae skedaddled by the time I had gaen doun ower the Auld Brig an back up the faur side, but up the faur side, but whan I reached the auld laundry ruin McGinty wis still there, wi his back tae me, courit deid-still in the watter like a jenny heron aboot tae grup a big troot. But he wis aboot fifty yairds upstream, wi juist three or fower scrunty slae busses an a fence atween me an the puil.

'Weel Hiawatha, here we go again!' I said tae mysel as I gat doun on my hunkers an stertit tae crawl alang the fence on my belly towards him. Aa went weel for the furst thirty yairds, till I fand mysel sprauchlt in a muckle open space atween twa busses, an my hert near stoppt as I saw Jimpy stalkin a fish doun the puil, still luikin the ither wey, till he wis staunin in the watter nae mair nor fower yairds anent me!

'Bluidy Hell!' I thocht, in a swither — 'Whit a bluidy eejit I'll luik if that bugger turns roun the nou an sees me lyin here like a Setterday-nicht drunk!' Sae up I jumpt, an lowpin the fence bowffd at him — 'Whit the hell dae ye think ye 're daein wi that big treble heuk on yer rod!'

McGinty tuik yae luik at me an wis aff up that puil like a whuppet, an splairgin ower the saunstane ledge afore his twa cronies kent whit wis happenin! They stertit tae mak for the fence an the open field, but I made for that airt mysel, an like a collie-dug gaun 'awa-bye' tae kep sheep brekkin frae the flock, I heidit them aff till they turnt an ran back ower the watter efter Jimpy, an straucht intae the airms o the polis!

As the polis mairched them back tae their caur, I thocht I wad hae a wee luik tae see if they had left ocht, for I kent they wadnae steyd there sae lang withoot'n they'd had the chance o a saumon. Shuir eneuch, on the grevel by the watterside were twa or three siller scales straucht aff a fish, an efter a bit o searchin, stashd awa aneath some ferns up the bankin wis a fresh clean six-pun grilse wi big heuk-merks in its belly. Of coorse, whan I tuik the fish doun tae the polis caur, they'd 'niver seen it afore'!

Sax months later cam the trial afore the Sheriff —the furst ever involvin the byllies — an we were luikin forrit tae a 'result', as fitba managers say! The twa young lads were in the dock, but McGinty wis naewhere tae be seen, whan I steppt up intae the witness-box tae gie my evidence. As the wee Depute Fiscal — nae mair nor a laddie himsel — wis speirin at me wi his questions, an makin a richt hash o it, oot o the corner o my ee I saw the Sheriff thoumin throu some papers.

'Mr. McBean!' says he, luikin ower his hauf-mune glesses at the fiscal, 'Could we please have a short adjournment?'

'Certainly, My Lord,' says McBean, no kennin juist whit wis in store, an aff they aa trouped tae the Sheriff's Chambers, laein me sittin up there in the witness-box like a big stookie, luikin doun on thae twa glowerin in the dock, an ane o their mithers glowerin frae the public gallery.

Oors later, (it wis only ten meenits) an they aa trouped back in again. The Sheriff tuik his sait, an luikin at me this time ower his glesses, said, 'Mr. Bell, would you please step down, and listen to some esoteric legal argument.'

'Whit the Hell's aa this aboot!' I thocht as I sat doun aside the saumon laid oot on a table by the witness-box.

'The problem, Mr.McBean,' said the Sheriff, 'is that this charge-sheet does not seem to have been signed by the Procurator Fiscal. Is that so?'

'Yes, My Lord!' gulped McBean, luikin mair nor a wee bit pit oot.

'And how does that leave your case?'

'Well, My Lord, in the case of Procurator Fiscal versus McTavish in 1847, the Fiscal omitted to sign the charge-sheet, and the case was consequently dismissed.'

'Precisely, Mr.McBean! And I find therefore I have no option but to dismiss the charges laid against both these accused!'

Wis I hearin richt.....I cuidnae believe my lugs! An warse wis tae come, for anither chiel in a bleck goun jumpt tae his feet an cried:

'My Lord! How does this leave my client McGinty, who has pled guilty to four charges?'

'Well, Mr. Morrison, since the charge-sheet has not been signed, there can be no charge, and therefore your client cannot possibly plead guilty to no charges, and so must therefore go free from this court! Case dismissed!'

Legal technicality!....I cuid hae gret!

Still, the saumon at least didnae gae free frae the coort, but wis gied back tae us, an sellt tae buy mair torches for the byllies — tae catch mair poachers. McGintys tak tent, yer day'll come!

J.A.BEGG

THE LASSIES

Written as part of the "Toast tae the Lassies" for the Anniversary Dinner of Alloway Burns Club, 23rd January 1986.

Ye men, wha think ye're God's anyntit,
Tae rule the roost by Him apyntit,
An rule the warld, if ye've a mind t' it,
An craw sae crouse;
Hark nou — ye'll sair be disappyntit,
Gin I cook yer goose!

I' faith, I think ye ken whit's comin,
For Weemin's Lib hae deived ye, drummin
That 'hint ilk man there stauns a wumman
— Sae wyce an douce —
That evidence richt nou I'll summon
— An let it loose!

Wee hungert bairn, aicht pun at least,
Bawlin awa like muckle beast,
Till a soukin mou grups ticht her breist,
An ye draw thegither;
Whaur had ye gotten sic a feast
— Forbye yer Mither?

Wha chynged yer nappies, bonny wean,
An mony a waukrife nicht has lain,
As ye girnt awa wi grippin pain
O colic bad?
That tentie sowl, it gaes wi'oot sayin
— Wis no yer Dad!

An as ye grew, an skint yer knees,
Or hame frae schule ye'd come wi fleas,
Whan snotters flew wi every sneeze,
Wha'd dicht ye clean?
— Ne'er ance did Faither — (at his ease)
Himsel demean!

An throu thon lang het simmer weeks,
Whan lads ran free wi girrs an cleeks,
Ye'd tear the erse whiles oot yer breeks,
On trees an busses;
Wha'd shew them up tae hide yer 'cheeks'
— An spare yer blushes?

Mind, wha wis't then gied lads a pree,
O joys o life that were tae be,
As gethert roun wi boyish glee,
An smirks an snickers;
They haunstauns did, for aa tae see
— Their navy knickers?

There's mair tae come, if ye'd but listen,
For wha, wi rosy lips a-glisten,
Garrd lads fin oot whit they'd been missin,
(For aa their talk!)
Wi birlin heids frae aa that kissin
— At Postman's Knock?

Syne whiles at Pairties, whiles at Dances,
Lads stuid aroun the waas like pansies,
Ilk ane e'ein up the lass he fancies,
But feart tae stert;
O mony a callant's tint his chances,
For want o hert!

Whit cantraip's this maks men o muscle,
Wha wi bricks an timmer tussle,
Heich abune the City's bustle,
As traffic passes,
Tae doun their graith, an staun an whustle,
At bonny lassies?

— Maks laddies sclim the heichest trees,
Or in the cauld Antarctic freeze,
Or sail across the stormy seas,
Tae win the land,
Then blate, gae doun on bendit knees,
Tae ask her haund.

Nae man can tell juist whit beguiles,
There's some wad caa it Weemin's Wiles,
An blame it aa on Fashion's styles,
That turn oor heids;
But aye the wyce-like lassie smiles,
An tends oor needs.

There's aye a freshly laundert sark,
Spotless white, withoot a mark,
Oor meat's aye ready efter dark,
If late we're hame;
But is she ready for a lark?
— It's aye the same!

In single beds there's some wha swank it,
Wi piggy, or electric blanket,
But better faur, an Lord be thankit,
If these ye lack!
Whaur else suid icy feet be plankit
— Nor a saft, warm back!

Yet still an aa, we maunna grummle,
Whan kists an tubes begin tae rummle,
An intae bed we tak a tummle,
Wi cauld or flu;
Tho juist anent Daith's Door we trimmle
— She'll pou us throu!

Still, mind ye lads, it maks ye think,
While slavin ower the kitchen sink,
Nae wunner weemin tak tae drink,
Tae lowse their chains,
As aa their dreams o jewels an mink,
Gang doun the drains!

But nou's their Day o Liberation,
Aflame wi richteous indignation,
They've risen frae their hummle station
— As weel we've seen;
A *Wumman* even rules the Nation
— An it's no the Queen!

Wha else wad wrap us roun her finger,
Shove us heid-furst throu the wringer,
Or in a flamin temper swing 'er
Rollin-peen,
An skelp us wi a real humdinger
— Atween the een!

Aa roun aboot the roles are switchin,
Nou faithers plowter in the kitchen,
Daein aa the cairryin an fetchin,
(Whit dreary lives!)
Wi a guidsicht mair o girnin, bitchin,
Than did their wives!

If truth be tellt, we're on the spot,
(The hale stramash is aye oor faut)
An weel deserved whit e'er we got,
As like as no;
Deep doun we ken they're no a bad lot
— 'S faur's weemin go!

Tak mithers, sisters, dochters braw,
Grannies, aunts, e'en mithers-in-law,
Guid-sisters, kizzens, nieces aa,
Frae faur an near;
Tho they micht aiblins threip awa
— We lou them dear!

Guid men, cast Prejudice aside,
An niver true Emotion hide
Frae the gentle wumman by yer side,
But chairge yer tassies;
An rise wi deep, respectfu Pride
— Tae toast 'The Lassies'!

J.A.BEGG   1985
Diploma Winner(Highly Commended) Scots Section S.N.O.P.C. 1989

crouse/bold   deived/deafened   soukin/sucking   waukrife/sleepless
tentie/attentive   dicht/wipe   girr/iron hoop   shew/sew   callant/youth
cantraip/spell   timmer/timber   sclim/climb   meat/food   piggy/earthen-
ware hot-water bottle   kist/chest   skelp/smack   plowter/splash aimlessly
stramash/squabble   guid-sister/sister-in-law   threip/harp on   tassies/
goblets

O IT'S CAULD ABUNE THE BLANKETS

As ben the room my silent braiths
fufft oot like railway trains,
An Cranreuch's fernie feathers
froze across the windae-panes,
Gin deep inby the windae-sole
lay driven pouthert snaw,
I wis sweirt tae pairt wi snug warm claes —
semmit, socks an aa!
— O it's cauld abune the blankets,
an gey cauld atween the sheets!
Whan I chittert on the lino flair
as intae bed I crept,
An juist like ony ither lad
in dreamless depths I slept,
Wi my heid ablow the bedclaes,
an my knees up tae my kist,
That piggy snugglt at my feet
wad shuir be sairly misst.
— For it's cauld atween the blankets,
an gey cauld atween the sheets!

Wi a florin in the meter,
the ane-bar heater glowed
In my wee smaa attic bedroom
heich abune Great Western Road,
As yellae damp November fogs
smoord oot the freenlie licht,
An I courit ower the textbuiks
by the fire till deid o nicht.
— O it's cauld abune the blankets,
an gey cauld atween the sheets!
Whan founert wi a fever,
streamin neb an stounin heid,
I'd hap me up, an tak my bed,
an wish that I were deid,
Twa pullovers, three aspirin,
an ne'er a drap o toddy
Tae heat my banes, an brek my sweit,
an sooth my gowpin body!
— O it's cauld abune the blankets,
an gey cauld atween the sheets!

Thae cauldrife years are weel awa —
nae mair the lanesome bed,
They vanished in the mists o time,
the day that I wis wed;
I swappt my piggy for a wife!
Sae saft, sae fresh, sae fair —
O whit a chynge cam ower my life,
a chynge ayont compare.
— Tho it's cauld abune the blankets,
nou it's warm atween the sheets!
For whit rid-bluidit laddie
cuid forsweir his lassie's chairms,
As they snugglt up thegither
in ane anither's airms,
As 'neath the surgin billows
o the bedclaes owerheid,
The tide o love eternal
wis rinnin strang indeed!
— O it's het abune the blankets,
an *hetter* 'tween the sheets!

The seas rin caumer nou-adays,
but whiles a tempest howls,
An opens up a three-fuit gap
atween twa sundert sowls,
Wi lourin silence up abune,
as back tae back they lie,
First ane an then the tither,
gies a wee bit souch an sigh.
— O it's cauld abune the blankets —
an cauld atween the sheets!
Twa heids fidgin on the pillows,
twa hauns ruggin at the claes,
Twa feet raxin ower sideweys
till there's kittlin o the taes,
Twa bodies birl thegither,
twa pair o airms entwine
In silent hugs that say it aa --
'I'm yours, an ye are mine!'
— O it's warm abune the blankets,
an it's warm atween the sheets!

May God grant us lang thegither —
forbye a tiff or twa,
Tae lou baith ane anither,
afore ane's caad awa,
An laes the tither aa their lane,
tae dree whit auld folk dread,
Lang waefu nichts a-steirin
in a waukrife, lanesome bed.
— Whaur it's cauld abune the blankets,
an aye cauld atween the sheets!

J.A.BEGG   1985

fufft/puffed   cranreuch/frost   pouthert/powdered   sundert/split apart
lourin/overcast   kittlin/tickling   lou/love   dree/endure

HARPING

In ilka country roun the warld
Aa manner o men tae the rod are thirled.
Miners, ministers, men o rank,
Ye'll fin them aa on the river bank,
Saunt an sinner, rich an puir,
Ae common bond will draw them there.
But ye'll never see, by stream or puil,
Mair diverse friens than Tam an Will.

Born in ae village, schuled thegither,
They'd roam the hills in ony weather
Wi weel-busked flee an birlin reel
Tae fill tae the lid the auld sauch creel —
Fishin friens, but in ither things
As faur apairt as cairds an kings.

Tam was an elder o the kirk,
A craftsman famed for his jinerwark,
A faimily man, bass in the choir,
Kenned an respeckit ower aa the shire.
But Will was the pairish neerdaeweel,
He'd poach, he'd gamble — maybe steal.
Nae lass wad share his clarty hame.
For drucken splores he'd made his name.

But fishers aa, frae first tae last,
Throw, sune or late, their hinmaist cast.
A winter cauld, an deep wi snaw,
Saw baith oor cronies caad awa,
An Peter, wha kenned hou they'd run their race,
Airted each ane tae his proper place.

Will's fate was clear — amang lost sowls
Tae spend his days by the lowin coals.
Nae mair the burn in the springtime sweet,
But smeek, an stour, an scorchin heat,
An he'd sit by the sulphur lochs an wish
That the Deil wad stock wi asbestos fish.

71

Het, lang an dreich Will's days burned bye
— He'd never kenned his throat sae dry —
Until, ae day, in that waesome place,
He saw, through the reek, a weel-kenned face.
'My een,' he said, 'are no worth a damn!
I thocht for a meenit — It is! — It's Tam!
'Man, Tam,' he cried, 'ye gied me a stert,
I never thocht you'd come this airt!'

'Sit doun, 'said Tam 'on this cinnery knowe,
A bittie awa frae that bleezin lowe,
An here, for a wee while, rest yoursel,
For a lang sad tale I hae tae tell.
Whan Peter caad me yont the yett
I settled doun in a braw-like bit —
A ludge, as snug's a shilfa's nest,
Wi rods, an reels, an aa the rest.

'My first day there, I stertit oot
In a heavenly dawn, tae luik for troot.
Frae the verra door I cuist my een
Ower the bonniest watter I've ever seen.
Wi pearly run an crystal puil
It wimpled quately, clear an cuil.'
(Will grained alood at that heavenly vision,
An a passin deevilock grinned derision).

'I hurried doun tae a braw bit run
An there he was — a guid fower pun! —
Sookin the flees frae a gless-clear glide
Wi the spots like bawbees on his side.
I threidit the line wi a haun fair shakin,
Tied on the mate o the flee he was takin,
Then, juist as I made tae raise the rod,
I heard a step, an alang cam God!

' "Guid mornin, God," I blithely cried.
"Guid mornin, Tam, "the Lord replied.
"An whit's tae dae the day?" says I.
"Oh, harpin,"says He, an I gied a sigh,
Pit up my rod, an we turned away,
An harped, an harped, an harped aa day.

'Next mornin cam. Wi the early licht
I sped tae the bank o that river bricht.
The troot was there, as I'm alive
An his wecht, I'd hae said, was nearer five!
My rod was up, an the flee tied fast
Whan the bankin shook, as the Lord cam past.

'An sae, "Guid morning, God," say I.
"Guid mornin, Tam," was the Lord's reply.
"An whit's tae dae the day?" I'm speirin.
"Oh, harpin," says He, an I felt like sweerin.
I luiked at the troot, then we turned away,
An we harped an harped the leelang day.

J.A.B.

73

'The third day, man, it was still gey daurk
As I trotted doun that heavenly park,
An doun tae the watter, glintin grey
In the brekkin dawn o celestial day.
He lay by the stane whaur I'd seen him first,
An his spreckled sides were like tae burst.
He was built like a pig, an I'll declare
He was six pun wecht — aye, maybe mair.

'I knelt on the bank tae mak my cast,
An thocht, "My lad, ye're mine at last."
But I heard that step, an checked the rod,
An turned my heid, an there was God.
"Guid mornin, God," says I, gey weary.
"Guid mornin, Tam."says He, quite cheery.

' "An whit's tae dae the day?" I askit.
"Oh, harpin," says He, an I tuik my basket
An flung it frae me as faur as I could.
"Tae Hell wi harpin!" I roared oor lood.
Then fell ower aathing an awesome hush.
The birds were silent on ilka bush.
I luikit aa roun.   The Lord had gane,
The troot itsel was ablow some stane.
An fower dreid words in Saint Pate's voice cam,
"Tae Hell wi you!" — Sae here I am!'
A moral clear this tale spells oot —
Men maun dae mair than juist catch troot.
An contrar (gin the last word's Tam's),
There's mair tae life than singin psalms!

                                    J.REID

thirled/bound   sauch/wicker   caird/tinker,vagrant   drucken/drunken
airted/directed   smeek/smoke   cinnery/cindery   deevilock/little devil
bawbee/halfpenny (pre-decimal)   spreckled/speckled   contrar/contrari-
wise

74

'PUGGIE'

Puggie wis a poacher, a pest, an a thorn in the flesh o the byllies for near on five year. He wis whit they caad a howker, or snigger o fish wha, in a season, cuid kill forty or fifty saumon wi his big rod an bare heuks — as mony or mair nor some o the netters. There wis nae place free frae his attentions whan the saumon were rinnin, on oor river or elsewhere, but he wis as fly as a bag o monkeys an wad aye buy a ticket, for it was worth a couple o pun tae mak twinty! Nor wis he blate aboot lettin on tae the byllies o a guid killin, whan he wad gae hame an lay hauf a dizzen fish oot on the front green for aa the neebors tae see!

On the watter, howkers fished in pairs wi yin aither bank watchin the tither's back, an they aye had a fag lichtit, ready tae burn aff the big bare heuks if the byllies cam near. They kent maist o the lads by sicht a mile aff, but didnae bother their heids wi ordinar fishers, an were gey ready-haundit at heukin a saumon by the 'jaiket' an pouin it oot sidie-weys in front o strangers that were aye too feart tae dae ocht aboot it.

But amang the byllies were twa or three frae the toun, mysel includit, that didnae drink in the up-kintra howffs, an were no sae weel kent by the likes o Puggie. Sae yae Setterday in July, efter a week o teepical Glesca Fair wather, whan the bush telegraph brocht word that Puggie an his brither had bocht tickets for the Auld Mill watter, three o us hatched oot a wee ploy tae nab at it! Eck the Heid Byllie wis too weel kent and wad stay oot o sicht while Big John and mysel fished the watter, keepin as near Puggie as we cuid till he'd foul-heukt a fish, then we'd grup him.

It wis aboot hauf-yin whan we parked the caur anent the Auld Mill an daunert doun tae the watter. Tae luik the pairt, we were dressed like scruff, Big John wi an auld torn watter-proof an jeans, an me wi an N.C.B. dunkie-jaiket, bunnet, an turnt-doun wellies. Cairryin auld fishin rods an purns, we cam roun the corner tae fin Puggie an his brither fishin blithely awa at the Corner Puil, while twa ither chiels, fishin the faur bank, pit their rods up agin a tree as shuin as we got nearhaun.

'When in Rome....'..I thocht tae mysel....'they're a crowd o coorse-luikin buggers... I'd better act coorse mysel..!

75

'Hou's it gaun, pal?' I speirt, as I cam up on Puggie. 'Ocht daein?'

'Naethin yet, freen,' cam the reply, 'but there's twa or three rinnin.'

'Is that a guid puil tae fish?' I continued, tae keep the crack gaun. 'Ah don't ken this bit o watter'.

'No bad,' said Puggie, luikin up curiously. 'Hae ye niver fished here afore?'

'Naw! It's ma furst time at the saumon. Ah'm mair o a troot man mysel, but John here wantit a wee go afore he went back hame tae Glesca. 'S that richt, John?'

Big John, wha wis a retired dominie, an too weel spoken tae act coorse, said nocht, but juist gied a nod o his heid.

'Whaur's the best chance o a fish?' I went on. 'Ah've got Devon Minnons an worms wi me.'

'Ach, ony bit frae here doun,' said Puggie smertly, keen tae get us awa oot the road. 'There's twa or three guid puils roun the corner, an Ah don't think they've been touched the day.'

'Thanks, freen!' I replied, an set aff doun the pad wi Big John tae the bottom puil, whaur we plowtert aboot for twinty meenits afore cannily makin oor wey back up the watter till we were fishin a hole amang alder trees no faur frae Puggie's puil. Aa o a sudden we heard bawlin an sweirin.

'Ah think he's intae a fish, John!' I cried. 'Ah'll gae up an see, an you follow ahint me in a couple o meenits.'

Tryin no tae hurry, I got there juist in time tae see Puggie, up tae his wader-taps in the watter, wi the big rod bent dooble, layin intae a fish that wis threshin up an doun the puil. There wis nae playin o the fish, nae finesse at aa, as he poued it intae the bank, smertly gaffed it, an turnt tae come oot o the watter wi a wee six-pun baur o siller flappin on the gaff-pynt.

'This is it!' I thocht, as I ran forrit, 'We've got the bugger nou...!'

By this time he had the grilse on the grun wi his back tae me, sae I drew oot the wee leid-heidit 'priest' that I aye cairry wi me an cried: 'Here, ye can yaise this tae skelp it ower the heid!'

As he turnt roun tae tak haud o it, I wis able tae get a guid luik at whaur the fish had been heukt, an wis sair dumfounert for, by the maist awfy straik o ill-chance he had managed tae heuk this yin, the furst saumon we'd ever seen him catch, by the side o the mooth! Sae aa that wis left for puir John an mysel tae dae wis tae congratulate the bugger insteid o arrestin him!

Juist then Eck, wha had been watchin us frae ahint the Auld Mill, cam ower an flashd his Bailiff's Caird, giein no a flicker that he kent us.

'Aye, Puggie, is that you et it again?' he gruntit accusingly. 'Hae ye a ticket?'

Whit dae ye mean "et it again"?' cried Puggie, near lossin the heid. 'Ah heukt that fish fair an square, fishin the worm. Thae fellas there'll tell ye! Didn't Ah, freen? .....An there's ma bluidy ticket!' An he poued a grubby bit o paper oot his hip pooch wi a flourish o triumph.

'Aye, he heukt it by the mooth, we seen him,' I tellt Eck, giein a wee shrug o disappyntment ahint Puggie's back.

'An whae are youse?' Eck turnt on us. 'Ah've niver seen youse on the watter afore... hae ye got tickets?' We baith flasht oor bits o paper an Eck made a great play o examinin them.

'Aw, ye're frae Cumnock,' he grumpht. ' Weel, ye're no on the River Ayr nou, sae juist watch hou ye fish — an don't tak ony lessons frae that yin there!' Wi that he glowert at Puggie, turnt his back on us, an left.

'Ye've got tae watch that yin,' said Puggie, jerkin his thoum at the depairtin Eck. 'He's a byllie, an a bad bugger. He's had me pit aff hauf the streitches on the watter...say's Ah'm a howker!'

'Hou dae ye howk?' I speirt, kinda glaikit-like, an wi great protestations o his innocence in sic maitters, Puggie proceedit tae gie us chapter an verse on hou it wis dune, where it wis dune, an that the warst howkers on the watter were the byllies themsels, an that we suid luik oot for this yin an that yin.

But efter hauf-an-oor o these an ither revelations, he drappt his gaird an confided 'Mind ye, if there wis a big twal-pun saumon lyin in that hole the nou, Ah micht hae a wee go mysel at drawin thae heuks across its back! Wee heuks grup juist as weel as the big trebles but luik legal, an ye can aye say the worm has juist drappt aff if the byllies come alang!'

Wi that wee gem o information we pairtit the best o freens efter agreein that nane o the byllies kent their faithers!

J.A.BEGG

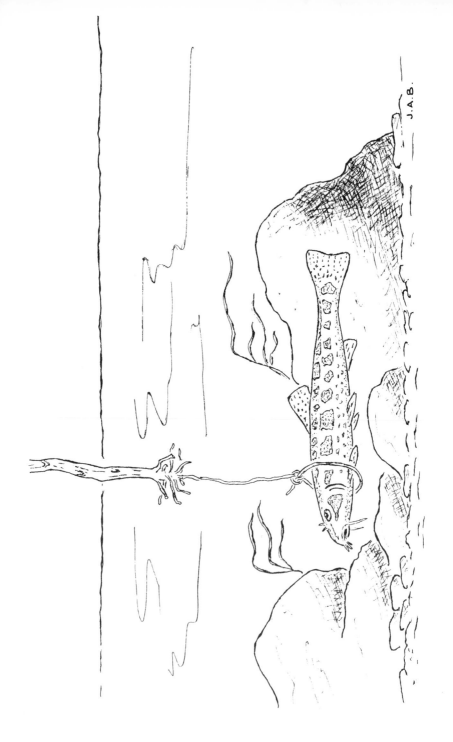

GIRNIN BEARDIES

On warm simmer days awa frae schule,
We played on the banks o the Rocky Puil,
Whaur, wearit wi ower much divin an doukin,
We'd pou on some claes an skive aboot luikin
For the flouer wi uised tae girn Beardies.

Few kent it by name, juist kent by sicht,
— Wha caad it a Ragwort micht aiblins be richt!
We'd grup it an pou it clean oot by the ruits
That were lang, thin an white, an nae uise for troots
— But they made a grand girn for the Beardies.

We'd strip aa the leaves frae tap tae fuit,
Syne snip aff aa but the langest ruit —
That we'd twist roun aboot in a slidin knot,
An 'Boab's yer uncle', whit hae ye got
— But a girn for catchin Beardies!

The wee specklt troot is baith skeich an smert,
Ae splash o a fuit an awa he'll dert,
But the puir wee Beardie a-wantin brains,
Hauds-in deid still amang the stanes
— For that's aye the wey wi Beardies.

As he lays in the watter — shammin deid,
We draw the girn cannily ower his heid,
An set it juist richt, doun ahint his lug,
Then a flick o the wrist — we'll gie it a rug
— An wi luck we hae girnt a Beardie!

J.A.BEGG

skive/roam   girn/snare   beardie/stone loach

INVITE TAE EMBRO

The Robert Burns Club of Edinburgh held an Open Poetry Competition in 1986, the subject being *Robert Burns and Edinburgh.* This was my entry. J.A.B.

Dear Rab, I trust that ye'll forgie
Unsocht familiaritie,
Frae ane that ettles juist a-wee
Tae strive for fame,
An wha, in the cause o Poetrie,
Maun uise yer name —

— An link it up, wi screivin pen,
(Juist hou on earth I dinnae ken,
It's faur ayont the wit o men!)
—Tae Embro Toun;
Whan m' days, like yours, I'd raither spen
By Bonny Doon!

I've raxt my harns wi aa my micht,
For if my memory sers me richt,
(It's no sae guid this time o nicht,
— A wee bit leaky!)
Yer ain Collection's raither licht
Anent Auld Reekie!

Yer verses aa, as faur's I mind,
Were mair concerned wi wummankind,
Hurt pride, spent passion, love declined
Wi condescension;
Nor yet did closes, lands, or wynd
E'er rate a mention.

Altho, in truth, ye did complete
'Edina! Scotia's darling seat!'
A mim-moued Southron ode sae sweet,
My hert it rung,
Sae wersh aside the rich rid meat
O yer guid Scots tongue.

Nae dout sic havers really meant tae
Satisfy the 'Cognoscenti',
Wha, in this land o pride an plenty,
Cuid cut ye deid;
— An a Plouman Poet maun aye be tentie
O's daily breid!

But still, man Rab, ye didnae fleich,
Or gaberlunzie hauns ootstreitch,
E'en whan that Prenter, Willie Creech
Gat copyright;
An like some life-bluid-sucking leech,
He bled ye white.

At least ye had the consolation
O fleein heich abune yer 'station',
An 'fleein' whiles in celebration,
Wi fair Clarinda,
Whan drawn in amorous assignation,
Ye chappt her winda.

'Platonic frienship'— wha can tell?
For twice at least ye rang the bell,
An ither twa puir lassies fell
Wi bastard bairn —
—At least ye didnae rin like Hell,
But showed some carin.

But 'Time an Tide nae man can tether',
Let's chynge this tack, let's check this blether,
The warld kens fine ye were nae wether
Amang the gimmers!
—Ride on wi me, for waur or better,
Twa hunner simmers.

We'll jaunt tae Embro Toun thegither.
Guidsakes, my frien, I widnae swither,
—An niver mind this hellish weather,
—It's no that faur,
Nor a twa day ride by pownie ither,
—We'll gang by caur!

Ye'll fin there's muckle as ye kent it,
The Auld Toun hooses freshly pentit,
The causeys aiblins fresher scentit
Than last ye saw it;
The keech in sewers nou is emptit,
Nae need tae jaw it!

The High Street still rins doun the hill,
Past howffs an mansions guid an ill,
Whaur aft ye fand the tippeny yill
Maist appetisin,
While ither nichts yer heid wad birl
Philosophisin

Wi Blair, MacKenzie, Dugal Stewart.
The ills o aa the warld ye'd cured,
Gin ye had been by God empouered,
Tae richt the wrangs,
Yer fellow man's sae lang endured,
In chains an whangs.

Wi heavy hert, I'm sweirt tae say,
The warld's still set wi grief an wae,
An no juist ance, but every day,
There's thousans deid,
As stervin, hapless puir faa prey
Tae war an greed.

The Russian serfs wha slew their Tsar,
An styled themsels U.S.S.R.,
An hailed yersel, Rab Burns, their star,
An brither man,
Nou coontless peasants slay, in faur
Afghanistan.

Th' America ye sae admired,
The braw new warld yer passions fired,
The 'Liberty' yer muse inspired,
Is but a sham,
A battle-cry besmirched an tired,
—No worth a damn!

For 'Liberty' loues the lion's share,
Nae freedom there for black or puir,
A weel-tochert countrie grasps for mair
Nor it deserves,
An judges this baith richt an fair,
Gin a puir warld sterves.

Ach, havers Rab, I'm aff the track,
My train o thocht a wee bit slack,
Cairrit awa wi this unco crack
O wars an worry;
I'll hae tae turn my pencil back
Tae Edinburgh.

For three thrang weeks in every year,
The City throbs wi life an cheer,
While music, art, an poetrie dear,
Enrich the mind,
An ither, ugsome, cantraips queer,
Screive, screich, an grind!

Ye'll no be sweirt tae come alang
Tae a Festival o plays an sang,
An jyne yon intellectual thrang
On Embro's streets,
As thousans upon thousans gang
Tae witness feats

O finest virtuositie,
Perfection an precocitie,
As shows perform for aa tae see
Their magic art,
An artistes get across at ye
As shuin's they stert.

But whiles there's curiositie,
An dounricht animositie,
Whan bombasts wi verbositie
Extol as 'Art',
Sic trash, in aa veracitie,
'S no worth a fart!

The Fringe'll gie ye sic a dose
O 'Poetrie' like murdert prose,
An pentins like a bluidy nose,
— Aa dreips an splatters,
An bare-scud actors nearly froze,
— An mad as hatters!

But as ye tak a dauner roun,
An fill yer hert wi sicht an soun,
I'm shuir yer hert will tak a stoun,
An blin wi tears,
Ye'll harken back tae Embro Toun,
Twa hunner years.

An nou's I close this lang epistle,
Afore my harns turn intae gristle,
If ye think my wark's no worth a whustle,
Or scrape o pen,
I'd ask ye, Rab, tae grup the thistle,
An let me ken.

J.A.BEGG   1986

Joint Winner of Edinburgh Robert Burns Club's Open Poetry Competition 1986. (£200 Prize). Clement Wilson Trophy (Scots Verse) S.N.O.P.C. 1988.

unsocht/unsolicited raxt my harns/racked my brains anent/concerning lands/tenements wynd/narrow street mim-moued/prim,affected wersh/insipid fleich/importune gaberlunzie/beggar wether/castrated ram gimmer/young ewe pownie/pony keech/excrement jaw it/throw out(liquid) yill/ale whangs/leather thongs weel-tochert/well endowed stoun/sharp pang of pain

THE FEATHER

For days the storm had raired ootbye,
Birlin craws across the sky
Scatterin wrack alang the shore
An fellin fir-trees by the score.

The storm was ower, the morn was still,
I tuik the auld road tae the hill
Whaur wind-kaimed gress gied wey tae heather,
An there I fand a queer-like feather.

I ken maist birds, but this wee heckle
Had come frae something mair kenspeckle
Than ocht I kenned — some fremit bird
Blawn tempest-tossed frae some faur airt.

Wi heuk an threid an fingers slee
I turned that feather tae a flee —
A flee I fished through ae troot season,
A flee that near tint me my reason.

For ilka troot I cast it ower
Tuik it wi ne'er a second glower,
Big or wee, it didna maitter,
I could hae herriet every watter.

I slauchtered troot till I was stawed,
I felt like smashin reel an rod,
Until ae day I burnt that flee
Frae its fell curse tae set me free.

An nou I fish as aince I did,
Dependent on the fish's tid,
Kennin my flees *micht* tak a troot,
But wi the issue aye in doot!

J.REID   1989

wind-kaimed/wind-combed heckle/neck-feather kenspeckle/conspic-
uous   slee/skilled   stawed/sickened

JEANNIE

Ye're failin fast, my wee auld freen,
An that's no ill tae see;
For twa-three weeks ye haenae been
The dug ye uised tae be.

A wee bit dauner maks ye thrang,
An tho ye hae the will,
Thae span-lang shanks, ance skeich an strang,
Hae sclimmt their hinmaist hill.
Yon jet-black een that ance burnt bricht
'Neath wheaten-theikit pow,
Nou glazed wi grey o dimmin sicht,
Hae lost their spark an lowe.

Ye'll toddle tae the gairden-fuit,
An toddle back again,
An stop, an staun, an pech, an sit,
As yer auld hert taks the strain.
— A hert, syne strang as ony bull's,
That ance lowpt ower the taps
O Gallowa's grey granite hills,
An Jura's quartzite Paps.

Thae years we trampt the lang, sweet miles
Ower muir an hill an glen,
Ye've ne'er forgot, an aiblins whiles
Ye still come hirplin ben,
Tae sit lugs cockit, heid asklent,
Nearhaun my buits an pack,
Sniffin awa at the muirland scent:
— Gin I cuid only tak ye back!

Och, talk like this'll mak me greit,
— Eneuch o grief an tears,
Let's think on aa the memories sweet
We've shared thae saxteen years.

Yer airs an graces sair us tried,
We've danced aye tae yer tune:
— Auld Duchess, for it's weel ye're cried,
Ye lack nocht but the croun!

I widnae say ye're ill tae please,
But ye'd fain get yokit in
Tae chicken, mince, smoked saumon, cheese,
Than tae dug-meat oot a tin!

A lap-dug's life-style weel I ken
Ye've scorned wi condescension,
But a wat neb nudgin nou an then
Commands oor hale attention,
Impident yalps whan wantin fed,
Let oot, let in, let oot again,
A cup o tea afore yer bed,
Or 'Scart my back an snoot again!'
Bum up, heid doun, a bark an wag,
A luik saying: 'Gin ye daur!'
White teeth grup ticht an auld torn rag,
Aa set for tug-o-war!

The day ye whalpt yer pups, my Jean,
'Twas mair nor you gat thinner,
Gin I gied ye a howdie's haun, auld freen,
An missed my Ne'erday dinner!
We went a dauner — efter five,
Ye thrawn, contrair wee dug,
An then did ye no a saxth contrive
Tae whalp on the hearth-side rug!

An nou for ower eleiven year,
Sharin chicken, drinkin tea,
Yer dochter Biddie's aye been near
Tae keep ye companie.
The douce wee sowl aye kens whit's richt,
An does whate'er she's askit,
Tho there's whiles a row at deid o nicht,
Gif she's slept in Mither's basket!

Tho neebors' cats, a-tap the waa,
Did aye luik lichtly doun,
Oor gairden nane daurd cross at aa,
But tuik the lang wey roun.
I dout gin ony cat is feart
Frae yours, or Biddie's bark,
Mair like as no, they'd aa be sweirt
Tae miss this daily lark!

O hou ye loued tae walk the beach,
An tryst wi big black dugs,
An heich on hin-legs staun, fou-streitch,
Tae sniff an lick their lugs,
In the watter whaur ye loued tae splash,
Baith you an Bid were beavers,
Fetchin sticks wi aa the dash
O spaniels or retreivers!

Guid-naituredly ye've tholed oor weans,
Wi dignity an grace,
Wi growl or nip juist nou'n again
Tae haud them in their place.

An nou, wi dignity an grace,
Auld dug, it's time tae go;
Ye're lyin by the fire-place
An souchin, saft an slow:
Anent the Rowan by the dyke,
The morn we baith sal kneel,
An lay tae rest oor tousy tyke:
— Guid nicht, Auld Jean - sleep weel!

J.A.BEGG

Jeannie, oor Cairn Terrier, wee hill dug, constant companion, an
Mistress o the Hous, de'ed on the 3rd April 1985, juist a few weeks short o
her saxteenth birthday.
theikit/thatched   howdie/midwife   thrawn/stubborn

FAIR COP

It is said the Glesca Fair wis inventit by the Almichty — juist tae gie Glesca Keelies their yearly dippin! Sae it wis nae surprise then, efter a week o teemin rain, tae fin the watter in guid order on Fair Friday nicht. It had been gaun up an doun like a yo-yo aa week, an the sicht o the furst run o Simmer grilse loupin an splashin in the puils abune the tidal weir an oot o the reach o the estuary netsmen, fair gleddened the herts o fishers an poachers alike.

The day afore, I had occasion tae check the Dam Puil anent Charlesmount Hoose. It wis a lang deep dub, fou o snags, wi open meedaes on the south bank, an the Big Hoose gairdens slopin doun tae the watter's edge on the north, while amang the trees roun aboot were scattert the grand hooses o the douce an weel-tae-dae folk o the southside o the toun.

No the place for poachers, ye wad think — an so did I an a wheen mair — but we were wrang! For alang the south bank o the puil I fand the gress had been weel trampit doun, an there were draw-merks whaur nets had been poued oot — on mair nor yin occasion by the nummer an state o the saumon scales scattert aboot. Some scales, twa-three days auld, had lost their sheen an were curlt up an tramplt in the glaur, while ithers glintit an sparklt like mither-o-pearl in the mornin sun, nae mair nor fower oors mebbe, sin the fish they cam aff had been chappt on the heid an cairtit awa. An stashd aneath the ruits o an auld haw-tree I fand twa coal-secks, left ready for neist time!

Wi it bein the Pit Holidays as weel as the Fair, I wis sair fashd getherin thegither a team o byllies, an at the hinner-en had juist John the Dominie, Big Wull frae up the watter, an young Mick, oot on his furst nicht as a prentice byllie, tae gaird the Dam Puil.

Big John set himsel doun by the faur side o the dam-dyke, while Wull, Mick an mysel hid ahint a hedge at the tap o the brae owerluikin the puil, neist the hoosin estate. It wis close on twal whan we heard the scliff o feet on the grevel road, vyces, an the clang o metal as they sclimmt ower the field-gate.

'Ah think there's fower or mebbe five!' I whuspert tae Wull, whae agreed. 'Ah'll gae an phone the Polis. It's mair nor we can haunle oorsels.' Twinty meenits later an I wis back wi twa young Polis, baith a bit sweirt tae gang doun the brae wi us, tho I've a notion they were mair feart o gettin their buits aa clarty than o tanglin wi the poachers! Nane-the-less, whan we were hauf wey doun, herts lowpin, an haudin oor braiths, there wis a sudden flash o a licht gaun aa-roads, frae the faur bank.

'Whit the Hell's Big John daein?' growled Wull. 'That's buggert up everything!' There wis some faur awa splashin, an cracklin frae the wid dounstream, then naethin....Silence....

'It luiks as if they've got a fricht an ran,' I said. 'They'll likely be makin for the road. The young polis drew oot his radio tae alert ither Polis nearhaun, for he said they had brocht a Paddy-waggon 'juist in case' we nabbed the five o them! An shuir eneuch, whan we got back up the brae his mates had gruppt ae young lad, wat up tae the hochs, walkin doun the road. But wat troosers is nae evidence o poachin (even gettin gruppt by the Polis can gie a bodie wat troosers!) — sae they had tae let him go.

We fand oot wha the ithers were forby, for the McGinty brithers' auld caur wis parked impidently ootside yin o the smert hooses! Whan Big John jyned us he confirmed this, by tellin us hou he had been courit doun at the faur side o the watter whan twa o them unexpectit-like, stertit tae wade across the dam-back. As he wis stuck there an didnae ken whit tae dae, he shone his licht on them as they cam alangside, and recognised Wullie McGinty — afore he beltit aff like a bat oot o hell!

Twa-three year efter this splore, I wis sittin there disjaskit, watchin a perfect flee watter glide by on a het August efternuin, wi a bricht sun keppin the fish doun an makin the fishin uiseless, whan Wullie McGinty cam moochin alang the bank. A bit unshuir o himsel at furst, he passed the time o day, an then seein I wisnae gaun tae bite, stoppt an sat doun aside me an we had a lang crack, wi him blawin aboot this an ither encoonters.

'Y'ken,' he said, 'Yon nicht at Charlesmount....Ah saw the fella an pit my torch on him as he lit me up, an wis juist aboot tae belt him yin whan I saw it wis Mister McLean....but Ah didnae, for I like him....He uised tae be ma teacher! Sae we scattert an Ah skelpt back tae the caur. If yon big polis eejits had juist luikt ower the gairden waa they were leanin against, they wad hae fand me lyin ahint it!'

It wis near hauf-yin by the time we had feenished wi the Polis. Big John had had a belly-fou for the nicht an went awa hame tae his bed.

'Wull,' I speirt, 'dae ye fancy a luik in at the Denholm Big Puil on oor road hame? There's twa-three times this year Ah've cam across peg-merks on the bankin whaur some bugger's had a gill-net streitcht across.'

'Micht as weel,' said Wull. 'The nicht's young an Mick here's no workin the morn, sae anither oor oot his bed'll no dae him ony herm! Forby, that wee twa-inch rise in the watter's juist eneuch for some grilse tae rin.'

Denholm Dam Puil wis yin o the main haudin puils on the watter, a three hunner yaird lang horseshoe wi a heich bank o beech trees on the oot-bend an a braid holm on the ither side, sawn this year wi barley. It wis ill tae fish, for the slow current gied nae cairry tae the flee or Devon unless the watter wis big, but it held a wheen o fish an had aye been easy tae poach. There were tales o the auld gangs drawin its hale length twa or three times in a nicht whan there wis a run o fish. For by the time they had drawn oot an cairtit the net back up tae the tap again, as like as no anither twa dizzen saumon had cam intae the puil.

Mind ye, we had pit the kybosh on that ploy twa year syne, whan we sank a wheen muckle grapnels set in concrete blocks richt doun the puil, an efter three or fower nets had fanklt an stuck, the word shuin gat roun! But whaur there's a will there's a wey, an the buggers stertit tae uise gill-nets streitcht across the puil in the gaps atween the blocks, intae which fish wad soum an get snared by the gills. Or mebbe they'd tuim in twa-three gallons o creosote, Jeyes' fluid, Insecticide, or even Chemical Closet Mixture, tae drive the fish doun intae their nets! Whit kin o taste thae saumon had whan served up on a Hotel Menu, Heiven kens!

Onyweys, we drew up at the Big Hoose lodge yetts, steikit the caur doors quait-like, an crept intae the bleckness o the wid. Twinty yairds in, there wis the sudden clatter o somethin lowpin awa tae oor left.

'Whit the Hell wis that!' hisst Wull as we stoppt short an rummlt intae each ither like shuntin waggons. 'Dinnae ken,' I whuspert back. 'Micht be a Roe-deer, there's a pair o them in the wid.' We stuid up for a meenit or twa, strainin oor lugs agin the silence o the nicht, an hearin nocht but the rustle an squeak o a wee shrew-moose, an the distant skreich o a houlet huntin for its tea.

'O.K. Lads! We'll gae doun the middle pad an hae a wee luik. Juist caa canny, an try no tae staun on ony dry twigs. Follow me!' It wis pitch-black, an tho I kent it weel, we had tae gang cannily

alang, feelin oor wey fuit by fuit. For aa he wis built like a gable-en,
Big Wull wis gey licht on his feet, an young Mick wis no bad ither, for
a prentice, sae there wis scarce a soun as we crept alang.   Twinty feet
ablow us we cuid see the glint o watter throu the trees.   There wis
anither rustle — this time no a shrew-moose!   I stoppt.
  'Wull, there's somebody doun there!   Listen!'   We listened —
mair rustlin o leaves — then intae sicht cam a bleck sheddae movin
agin the siller glint o the watter, as a man, hauf courrit doun, crept
laich alang the bankin.
  'Wait till he's juist ablow us then we'll pit the lichts on him,' I
whuspert.   We did juist that.
  'Richt, Surr!' bawled Wull.   'The gemm's up!   Stey whaur ye
are!'
  The puir fella, like a frichtit rabbit, dived straucht intae the busses
oot o sicht, an I slithert doun tae the watter-side tae heid him aff.   My
torch caught the gliff o a white face in the busses.   'He's in here,
Wull!' I cried.
  'Richt, ye bugger, come oot o there wi yer hauns up, an get doun
ontae that bankin!'
  'For Heiven's sake, Wull, no doun here!   Ah've ten feet o watter
juist ahint me!   Get him up the bliddy bankin tae you!'
  'Oh, aaricht then!   Get yer hauns abune yer heid an sclim up here
tae me!'
  Wull roars like a bull at the best o times, an in the bleckness o the
nicht ye cuid see the puir poacher wis frichtit oot his wits.   'O.K. Ah
gie in!   Ah'm comin up!'
  'Richt, keep yer hauns up!   Nou lay doun on yer face on the pad an
keep yer airms oot!   Yae move an Ah'll let ye hae it wi this stick!'   I
think Big Wull must hae been watchin ower mony Yankee cop movies
on the telly!
  The fella, shakin like a jeely, did as he wis tellt.   He wis a man
aboot forty, no that big, an a bit thin on tap, wearin a green byler-suit
an saft shune that were no even wat.   Sae the 'roe deer' that had fleyd
us at the tap o the wid must hae been his mate comin back across frae
the faur bank!   He wis whit ye micht caa an auld-farrant poacher,
juist gaun quaitly aboot his wark an no wantin ony trouble, unlike
some o the ither local scruff wha, if they're no poachin, they're at the
hoose-brekkin or thievin tatties.
  'Whit are ye daein here, an whae are ye?' I speirt.
  'Ma name's John Broun, an Ah wis juist gaun a walk tae ma

brither's hoose.'

'Weel, ye're five mile oot yer wey, freen!' I replied, whan he tellt me whaur his brither steyd. ' Haud him there an Ah'll hae a wee luik at the watter!'

Shuir eneuch, my licht latcht on tae a raw o corks streitcht across the puil upstream o whaur we were staunin, an anither twa nets further dounstream — juist at the very bits whaur I had fand the peg-merks twa weeks syne. I wis fair pleased wi mysel — we had got him at last! I scrammlt back up the brae an tellt the lads.

'Ah'll juist gae an radio for the Polis,' I said in a loud vyce. We didnae hae ony radios at that time, but a wee kid-on wad dae nae herm, an there wis a phone nearhaun. I'd juist reached the road whan caurlichts cam roun the corner — a Polis caur! I jumpt oot an flaggd it doun. The polis an his young polis-wumman gied me a queer luik whan I tellt them the story.

'We're juist on oor wey tae a rammy in a hoose up in the Cooncil Scheme.' I had forgotten it wis Fair Friday nicht! 'But that can wait. Wi a wee bit o luck they'll aa hae knocked the shit oot themsels gin we lae them a wee bit langer!'

I wis back at Mick an Wull wi the twa Polis inside five meenits o laein them, an collectit the three nets an the seiven braw grilse hingin deid in them. I'm shuir 'John Broun' — for that wisnae the name the Polis gat oot o him — wis maist impressed wi oor 'Radio Communications', an that the word gat roun his poachin cronies gey quick efter he wis fined on Fair Monday mornin!

J.A.BEGG

MINNONS

A tuim bleach bottle hained frae the coup,
A wee roun hole caad oot its dowp,
A string roun its neck an a weel-corkit mou
Tae haud in the breid-crumbs — an that is hou
The lads aboot here catches minnons.

Billy an me gaed doun tae the burn,
Ae bottle atween us, we baith tuik a turn
At plankin it doun an laein it still
On the grevelly bed o a wee shalla puil
We kent wis aye hotchin wi minnons.

We baith courit doun on the bank nearby,
An watched aa the wee fish soumin by,
Peenheids an beardies an ance a big troot,
Then aicht fish swam in an juist fower swam oot
— The trap we had set tae catch minnons.

Wull gied a shout, an Ah gied a pou
At the string o the bottle an oot it flew,
An stottit an shooglt aboot on the gress,
While flashin an splashin inside the gless
— Were fower dumfounert wee minnons.

Ah niver had seen sic bonny wee beasts,
Wi siller sides an crimson breists,
Soumin aroun luikin nane the waur,
Whan Ah tuimt them intae the jeely-jaur
— We'd brocht tae haud oor minnons.

Fair prood o oorsels, we cairtit them hame,
But efter twa days Mither thocht it a shame,
They'd lost their rid breists an the glint aff their skin,
Sae we gaed tae the watter an pit them back in
— For the burn is the place for minnons.

J.A.BEGG   1982

hained/saved   coup/rubbish tip   caad/knocked   dowp/bottom
shooglt/shook   nane the waur/none the worse

SOME CUMNOCK BURNS' CLUB PRESIDENTS

These introductory verses by the Club Bard, prefaced the delivery of the Immortal Memory by the Club President.

J.REID.

I. MR. IAN CAPPERAULD, M.B.,F.R.C.S.(Ed) 1977

The "Upland Pairish" gave him birth,
An nou the warld kens his worth —
A surgeon chiel, but drugs an doses
Or Hornbook's kailblade diagnosis
Are no for him.   By caur an train,
By helicopter an jet-plane
He jaunts aboot, the warld through,
Frae Cronberry tae Katmandu,
An skeely surgeons sit like weans
While Ian lectures on oor pains,
Diseases, strokes, an ilka ailment
That hastens human life's curtailment.

An expert, this, on mortal ills,
Yet nocht delichts him like the hills
Whaur guid yowes thrive nearhaun Glenbuck,
Tho whiles he'll oot wi rod an heuk
Tae try for seatroot on the Esk —
Forgotten then the laden desk!
But no for lang.   Aye pressed for time!
Yet, friens, this nicht whan Burns's rhyme
We lae tae his expert dissection
He'll gie't nae scrimpit, scant inspection,
An syne we'll staun in prood ovation
Tae Ian Capperauld's operation.

J.REID   1977

Upland Pairish/New Cumnock   Kailblade diagnosis/see Death and
Dr.Hornbook.   scrimpit/scanty

II. WILLIAM GOUDIE, J.P.   1980

This nicht, tae see oor ongauns through,
We've gane aince mair tae Cumnock (New).
Will Goudie's banes, wi flesh an spirit,
Will grace oor Chair wi meat an merit.

New Cumnock born, New Cumnock bred,
The pitheid road, the miner's tred —
He howks nae mair Knockshinnoch coal,
Nae mair breathes stour in clarty hole.
He's filled his share o reamin hutches
An traivels nou in caurs, no cages!

Had Fortune taen anither sklent,
He micht hae gane tae Parliament,
But I jalouse yon Southron benches
Wad ne'er hae suited Willie's hainches.
Tae suffer fuils he's ne'er been fain,
Sae Lunnon's loss is Strathclyde's gain.

For Strathclyde's needs fill this man's life.
For them he'll thole the clash an strife
O coamittee an cooncil chaumers
Tae daud sense intae fellow-members,
Wife an granweans keep him canty
(Twa sons he has, tae mak him vaunty).

This nicht, for aince, he's rinnin free
'Mang couthy friens an baurley bree.
Time nou for us tae hae a word
Frae ane wha kens an loues the Bard.

J.REID   1980

ongauns/proceedings sklent/slant clash/chatter,talk canty/cheerful
vaunty/proud baurley bree/whisky

III. SHERIFF DAVID B.SMITH   1982

Nae siller staur adorns his breist,
Nae weel-worn guns hing at his waist.
Scots shirras dinna need sic graith,
They dinna deal in life an daith,
But though denied the raip an aixe
This ane gies Killie's neds their paiks.

Frae early days at Paisley schule
He speiled the brae tae Gilmorehill
Tae gether lear an classic knowledge
Before gaun on tae Embro College
Tae learn Scots law, baith braid an nerra
— A haundy thing for ony shirra!
Frae there he donned the wig an goun
As advocate in Embro toun
He maun hae been ane o their best
Tae win promotion tae the west,
An nou ilk dyvour in Auld Killie
Has cause tae fear this bearded billie,
Forbye a wheen North Ayrshire sinners
He's sent tae pree Barlinnie dinners.

Whiles, on a day o weel-earned leisure,
The kintra-side will gie him pleesure,
'Mang hills an wids an flooers an ferns
Or watchin huidie-craws an herons.
But the roarin gemm's his favourite ploy,
The birlin stane his greatest joy,
An granite clints, he kens them aa,
Frae Ailsa Craig tae Rubislaw.
A curlin expert, dinna doot it,
He's even screived a book(★) aboot it!
He cairries aye a sneeshin-mull
— It clears the heid an spreids guid-will.

But nou his legal mind he turns
Tae judge the case o Robert Burns
— Nae hasty verdict, waled at random,
But weel threshed oot at avizandum.

J.REID   1982

★ *Curling: An Illustrated History* by D.B.Smith (John Donald)

shirras/sheriffs   raip an aixe/rope and axe   paiks/deserts, punishment
speiled/climbed   Gilmorehill/site of Glasgow University   lear/learning
Embro College/Edinburgh University   nerra/narrow   dyvour/rogue,
good-for-nothing   Killie/Kilmarnock   Barlinnie/well-known Glasgow
prison   roarin gemm/curling   clint/rough curling stone   Rubislaw/granite
quarry in Aberdeen   sneeshin-mull/snuff-box   avizandum/further
consideration

A GOWFER'S GRACE.

Composed for Miss Muriel Duncan of Boreland Farm, Whauphill, to recite at St.Meddan's Golf Club Annual Dinner, Monreith.

We thenk Thee for oor Greens, Dear Lord,
We thenk Thee for oor Tees,
An the Fare that lies atween, Dear Lord,
The Bunkers, Ruch, an Trees!
AMEN.

BOSWELL GRACE

Composed for Mr.Colin MacDonald for the Boswell Society Dinner, Royal Hotel, Cumnock. Friday 19 August 1988.

For meat an drink, weel-stappit wame,
For wife an weans an happy hame —
—We thank Thee, Lord.
Amen.

J.A.BEGG   1988

THE PADDY

Lines written after sharing a train journey on the late-lamented Stranraer-Euston night-sleeper — affectionately known as "The Paddy" — with the Rt.Hon.George Younger M.P.

Ayont the station ruif, smeekit wi the reek
O a thousan trains,
The lourin mirk masks the threit
O forecast snaw.   Flakes faa.

Ootby's a platform, cleanswept o fowk
By the snell Eastlin win.
'Ay, Ay!'.... a nidge an nod — 'We've company!'
A wee man arrives, briefcase in haun,
Trig in peen-stripe breeks an cuttie coat,
Smilin the smile o a Politeecian;
While twa big gairdian angels
Cairt his bags an luik aroun,
As if tae say — 'Wha daur meddle
Wi Oor Majestie's Secretary o Defence!'

Inby, forgethert, incommunicado,
The nicht trevellers sit, poe-faced,
Keppin their baggage like penned sheep,
Wi ae lug cockit for their neebor's crack,
An the tither for the Paddy.

'Is tat yew, Victor!' scowls an Irish vyce
Intae the pay-phone.
'Oi'm at Ayr Station!   Pick me op!'
Slams doun the phone an leaves.

On time, "Andra Carnegie", Airn Maister,
King o the Railroad,
Drub-drubs in, draggin an endless train
That streitches back tae Girvan.
Poe-faces jerk tae life, wi searchin een
Seek oot their billets, fashd
They'll no get aboard afore the wee gaird
Blaws his whustle.

101

The Meenister trots aheid, his minders
Herd him tae his sleeper — Furst Class
— As we wunner wha'll tak the spare bunk,
An wha'll gaird the door.
In the neist coach doun, A1 an 2,
A wee bleck leddie ticks us aff
For tea or coffee in the mornin.
Hmm.... no bad for Saicont Class!
But....idle thochts....will they search
Ane-up for bombs?....Thae Irish...!

Aicht oors tae London....aiblins we'll sleep
An get oor money's worth
O warm wool blankets, an snaw-white sheets.
But somethin's no richt — nae clickety-click,
Nae lullaby o linkit rails
Tae send us ower.

Wi steikit een we dover, deep senses alert
Tae the hum o weldit steel;
Slid up an doun oor bunks
By G-Forces on the Nithsdale bends.
Then lang straucht miles sae smooth
Ye'd scarce ken we're movin....
Or are we—....Keek roun the blinds
—We're sittin at Carlisle!

Coach jerks on coach, heids jerk on necks,
Then rest in sleepy equilibrium
At a hunner mile an oor doun Shap.
Mair stops an sterts, whustles, bangin doors.
A luminous watch tells us
We're at Crewe....
But the sign ootside says Wigan!
An oor late...!

Then, wi haet a chance o sleep,
It's "Deil tak the hinmaist", as we waltz
An sway throu the Hert o England,
At a hunner an twinty.
Past an Arctic land whaur, in the grey licht,
Pentit boats lie idle in pack ice,
An the dreich, ramshackle ferms
Are nane the waur o a lick o whitewash
Frae new faaen snaw.

Comes a chap at the door,
An the wee Caribbean leddie
Hauns in oor tea an biscuits
Wi perfect timin....
As we gang throu Watford Junction,
Ower the pynts,
An jaups o het tea skail ower
The snaw-white sheets!

Lichts blink by in back-kitchens,
As terraced London eats its breakfast.
We slide intae Euston,
An the Meenister glides awa
In his big black caur.

J.A.BEGG   1986

smeekit/smoke-blackened mirk/darkness   cuttie/short   dover/doze
haet/not a whit of   skail/spill out

DINNER AT DOWNING STREET

Penned after a stimulating evening at the home of Joe Campbell, singer, poet, artist and Managing Director of West Sound Radio, during which he produced an invitation to dine with Mrs. Margaret Thatcher, the Prime Minister, at 10 Downing Street.

Last nicht, Joe lad, wis sic a pleisure,
Sweet Sheila is a lass tae treasure:
For meat an cheer o sic a measure
— An serr'd divinely,
This dreich grey morn nou at oor leisure,
We thenk ye kindly.

Wi meat for wame, an meat for thocht,
While ower the ample fare we wrocht,
The Brodies, Beggs an Campbells focht
Tae hae their say,
An Sheila, black-affrontit socht
Tae caa't a day!

Oot-nummert here by twae tae yin,
An scarcely heard abune the din,
Wee Helen haet a word got in,
Tae haud her grun,
While Tory men the buit pit in
— tho juist in fun.

Her Liberal mind wis sairly vexed
At whit on earth wis comin next,
An she an I were fair perplexed
By sherp Richt turns
Frae chiels sae steept in aa the texts
O Robert Burns!

For Burns's thochts are mair in tune
Wi whit you pair were dingin doun
Wi fiery words an fiercesome froun
— An frothin fit,
Than Tory tenets haundit doun
Frae William Pitt!

— An nou ye say ye're on the leet
Tae toddle doun tae Downing Street,
Tae sit amang the warld's elite,
An meet HERSEL,
For this maist unexpectit treat
We wish ye well!

For tho ye think ye're on a winner,
Invitit tae this sax-coorse dinner,
Beware gin ye're fand oot a sinner,
An cause a riot,
Gif Oxford Maggie kens ye're thinner
On a Cambridge Diet!

Ye said yersel ye didnae ken
Juist why abune aa ither men
The P.M. did this invite sen
On April furst,
But thinkin at the hinner-en,
I fear the warst!

I'm shuir she's seen her voters driftin,
The Balance o Pouer tae Centre shiftin,
An commandit yon Wee Malkie — Rifkin,
Tae stop the shambles,
— Tae gie her an image mair upliftin —
'Sen for the Campbells!'

'As foremost Captain of the Media,
Both Norman and the Party need ya,
We're here, dear Joe, to wine and feed ya
With sumptious fare,
A little chat, and then God-speed ya
Back to Ayr.'

Wi Tory funds a wee bit slack,
She'll mebbe try anither tack;
Nou that West Soun's in the Black,
— Wi profit up,
This swell soiree is juist tae mak
Ye cough it up!

Or mebbe nou she's on the Pension,
She's trauchlt sair wi strife an tension,
An wants ye juist tae gie a mention
O her name;
Makin shuir she'll get attention
I' yer Nursin Hame!

Like Helen ye're an avid reader,
Sae 'fore ye gang tae see Oor Leader,
An them that thinks they're aa a breed
Apairt, apairt,
She kindly thocht ye'd aiblins need
A chynge o hert!

She hopes as throu this buik ye thoum,
Tae its reasoned case ye micht succumb,
An realise 'The Time Has Come'
Tae show defiance,
Sae throw awa yer Tory drum
— An vote Alliance!!

J.A.BEGG   1987

dingin/knocking hinner-en/the last

'BUTCH AND SUNDANCE'

'Somethin'll hae tae be dune, Andra!'

I wis staunin in the High Street, haein a crack wi Wullie Robson, the Secretary o the Works Angling Club that has a mile streitch o guid watter at the tap-en o the river, an he wis tellin me o the bother they were haein wi howkers foul-heukin saumon.

'It's juist like "open day' for poachers aa the time,' he complained, 'an they don't bother their heids wi oor members. Ah've tried pittin them aff mysel, but ye've tae staun a lot o snash, an some o them'll no even move for me. They'll flash three-year auld permits an ither bits o paper in yer face, but no let ye hae a guid luik at them!'

'Can ye no organise mair o yer Club members tae gae up thegither an check tickets—' I asked.

'The lads are sweirt tae cause trouble,' he replied. 'They're feart they micht get their caur tyres slashed, or flung in the watter sometime if they're juist fishin themsels. It's a gey ruch crowd that fish the Thorntree.'

'O.K. Wullie, Ah'll hae a word wi the Heid Byllie an see whit we can dae. We've been meanin tae gie the Ruch Watter a veesit for a while.'

The Ruch Watter wis a lang streitch whaur the river cam tummlin doun fast ower muckle bowders, an the saumon lay in scores in the white watter ahint the stanes, tho tae luik at it, ye ne'er wad hae thocht it likely that fish cuid lie there. It tuik a skeelie fisher tae fish the Ruch Watter, wi brammlin worm, Devon minnow, or even the flee, but there wis a wheen o local lads wha cuid tak a score o saumon a-piece oot it, by fair fishin, in a season.

Unfortunately, there wis a wheen o ithers forbye, wha cuid tak twa-score oot it by foul-fishin, an they were spylin it for the daicent fishers. The trouble wis that here the river flowed throu open kintrae, an the howkers, wi een in the back o their heids, cuid see the byllies comin a mile aff, an had plenty o time tae nip aff their illegal taickle, or pit a worm on their bare heuks.

Wi that in mind, the followin week, Neil an mysel peyd a veesit uisin the "auld claes" routine an cairryin fishin rods.

Throu the glesses, frae the tap o the brae by the ferm, we spied a fella come oot the watter an hauf-rin alang the bank as if he had seen a fish movin further upstream. Doun we went, takin oor time, an daunert up tae the Thorntree, tae fin it wis nane ither than oor auld freen Puggie. He didnae ken Neil, nor did he recognise me frae twa-year syne at the Auld Mill, whan I had gied him my 'priest' tae chap the heid o the wee grilse he had heukt (juist legally an nae mair!)

He had nae fish this time, but wis still uisin the wee bare heuks an daud o leid, as he aye did. Comin oot the watter, we gied him the time o day, an stuid up for a blether.....Naw, he hadnae caught ocht the day....but ane o his mates had taen five oot frae ahint yon big stane ower there on Monday....There were nae byllies aboot....an they were nae muckle uise onywey, for he watched a poachin gang net the Thorntree juist at the grey darkenin three nichts syne — afore the fishers were even aff the watter!

There wis nae pynt in 'blawin oor cover', as they say, juist tae pit the likes o Puggie aff the watter for haein nae ticket, an whan fower ither coorse-luikin buggers frae the village arrived at the Thorntree, it wis mair nor we cuid haunle, sae we heidit for hame tae report tae the Heid Byllie, an mak plans for anither day.

That day came twa weeks later whan, efter a rise in the water brocht in a run o fish, five o us forgethert at the auld cemetery gates.

'Puggie's on the watter wi his brither,' Jock informed us, haein spoken wi ane o the Club members wha'd juist come aff hauf-an-oor syne.

'Guid!' said the Heid Byllie. 'Wee Alec an Ian better gae doun tae the bottom-en an work their wey up, an you, me, an Andra'll come in frae the tap-side.'

The Thorntree wis oot o sicht ahint a knowe, an as we crossed the stibble-field tae get there we were amused tae see twa o the local howkers, walkin doun the watter wi the same intent, shy aff like cushie-doos frae the crack o a gun, cross ower tae the faur bank, an staun shoutin nice words we cuidnae mak oot, as we went by!

We traversed roun the knowe abune the Thorntree tae see Puggie's brither in the ruch watter juist ablow it; an the pynt o a rod wavin abune some slae-busses a hunner yairds further doun nae dout belanged tae Puggie.

'Hou's it gaun, freen?' I speirt as we cam up tae him an he cam oot the watter.

'Aw, no at aa!' he replied. 'Ah hinnae heukt a thing aa mornin.'

'That's too bad,' I said. 'For it's you that's heukt! We're

byllies! Whaur's yer ticket—' An quick as a flash, I gruppt his bare heuks an leid, an wrappt the heavy gut ticht roun my haun afore he cuid nick it aff.

'Whit dae ye think ye're daein—' he blustert. 'Ah'm fishin fair!'

'Whaur's yer worms an ticket then—'

'Ma ticket's in the caur, an ma brither's doun there wi the worms!' He jerkt his thoum dounstream tae whaur we saw a figure clammer up the bank an come steamin straucht for us.

'Hullo, Puggie!' said the Heid Byllie. 'We've got ye this time!'

'Whit dae ye mean?' shoutit Puggie. 'An whit are ye daein tae ma wee brither?'

Puggie's wee brither stuid hauf a heid bigger nor him!

'Ye're baith bein done for howkin,' the Heid Byllie replied, '...an fishin withoot permits.'

'Ma permit's in the motor!' protestit Puggie.

'An whaur's yer worms, then?' I speirt innocent-like.

'Ma brither's got them!'

'That's funny,'grinned Jock.'....he said you had them!'

Aa pretence o innocence collapsed at that. Puggie's brither wis still haudin on tae his rod an widnae gie it ower tae us, but Puggie tae oor surprise, an mebbe wi mair experience o the Polis ahint him, haundit his ower as meek's a lamb. The Heid Byllie left tae phone for the Polis nou that Wee Alec an Ian had jyned us.

'Can Ah hae a word wi ye, Puggie?' whuspert his brither, an they baith drew thegither intae a wee huddle an stertit tae walk up the bank. I kep wi them for I jaloused they micht be hatchin a ploy. That stoppt them, an they sat doun on the edge o a heich bank aboot aicht feet abune the ruch watter.

'Are ye gaun tae gie me that rod, son?' I asked again, 'for if ye dinnae, Ah'm gaun tae chairge ye wi obstructin a byllie in the coorse o his duty — an that'll pit anither hunner pun ontae yer fine!'

'Naw!' he muttered, sittin humphy-backit, wi his hauns gruppin the rod — a guid twal-fuit ane worth aboot saxty-pun — ticht atween his knees. Then, wi'oot ony warnin, he stuid up, shoutit — 'C'moan, Puggie, jump!'— an wi that, ran forrit an lowpt straucht aff the aicht-fuit bankin intae fower feet o foamin white watter, an heidit for the faur side!

It wis like yon scene frae "Butch Cassidy an the Sundance Kid", whan Paul Newman an Robert Redford lowpt aff the cliff wi the Sheriff efter them. The only difference this time wis that "Butch"

"Haw, Puggie! Are ye comin?"

wis still sittin on the bankin! "Sundance" had sprauchlt aboot fower yairds throu the watter whan it dawned on him that he wis on his ain, an he turnt roun in dismay — 'Haw, Puggie!' he wailed, up tae his chest in the white, gurly stream, wi a wee choukie-burd he had shewn on his bunnet, bobbin awa like a dipper on a stane! There wis no a straucht face amangst us!

'Haw, Puggie! Are ye comin?'

'No me!' said Puggie. 'Ah ran frae the bliddy Polis a fortnicht ago, an Ah'm no rinnin this time! On ye go yersel!'

His brither hesitated, then stauchert his wey, sometimes faain forrit up tae his neck, tae the faur bank, whaur he stuid like a droukit dug, wunnerin whit tae dae next.

'Luik, son!' I shoutit, tryin a wee bit o psychological warfare, 'Ye're in big eneuch trouble as it is, withoot rinnin awa. We ken wha ye are, an the Polis'll come for ye juist the same.' I cuid see he didnae ken whit tae dae, sae I followed on — 'An if ye come back ower, we'll drap the obstruction chairges! Mind whit Ah said aboot that hunner pun fine!' That seemed tae dae the trick, an he sclimmt doun the bank an stertit tae wade back across the watter!

'C'moan, son!' I cried, tae gie him encouragement.

'Don't listen tae him!' shoutit Puggie. 'Awa ye go!'

'C'moan, son, don't listen tae yer brither! Think aboot that hunner pun fine!'

'He's talkin a load o shite! Ye'll only get fined a score!'

Aa this time, for aboot five meenits, Puggie's brither had been gaun back an forrit like a yo-yo in midstream, up tae his belly in icy-cauld October watter, no kennin wha tae believe! At the hinner-en, he tuik Puggie's advice afore mine, an efter gainin the faur bank for the saicont time, wraslt up the brae tae the main road an wis gone.

It wisnae a bad decision, for he wis only fined a score mair nor Puggie — an held on tae his saxty-pun rod! It peys tae hae a brither weel versed in the weys o the Coort!

J.A.BEGG

THE CAULD

Whan snell North winds ding Simmer's breeze,
An caa the leaves frae aff the trees,
My neb'll twitch an stert tae sneeze,
My throat tae swall;
I'm heidin for that dreid disease
— The common Cauld.

Wi every sneeze I'll gie a curse
That maks my tortured sinus worse,
My heid is throbbin fit tae burst,
My thrapple tae;
O dinnae think I need a Nurse
— I'm needin twae!

My neb is either stappt or streamin,
My snotter-clout wi germs is teemin,
I gie mysel a richt guid steamin,
Withoot success;
Juist tell a deein man why weemin
Aye suffer less.

My banes are sair, I lie an chitter,
An grue — that lemon drink's ower bitter,
I hope this toddy'll mak me fitter
— No fade away;
Aa I need the nou's the skitter,
Tae mak my day!

I feel as waik's a new-born kitten:
Guid Lord, o aa the folk in Britain,
Why is it aye that I am smitten
Waur than the lave;
An feel as if I hae yae fuit in
An early grave?

The crisis comes, the fever goes,
The caunles clear frae oot my nose,
An juist as I get on my toes
An feelin terrific,
I'm landit wi an awfy dose
— O hellish tuith-ache!

I'll greit nae mair o hoasts an wheezes,
Nor tak my bed wi snots an sneezes,
This devilish stoun nae potion eases
Aa throu the nicht;
Rab caad *this* 'Hell o aa diseases'
— An Rabbie's richt!

J.A.BEGG   1983
Third Prize Winner (Scots Section)   S.N.O.P.C.   1984

thrapple/throat   snotter-clout/hankie   grue/grimace   skitter/diarrhoea
caunles/green 'candles'   hoasts/coughs

Jenny Wren's Jaunt tae Islay
May 1983 — July 1984

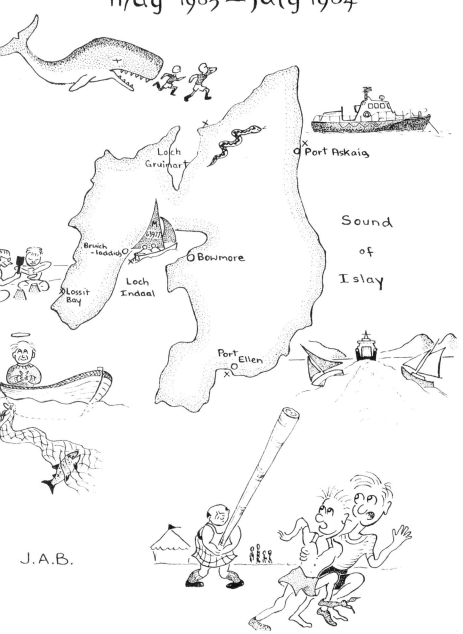

J.A.B.

JENNY WREN'S JAUNTS TAE ISLAY - MAY 1983 & JULY 1984

Jenny Wren, our Mirror Class sailing dinghy, accompanied us on several holidays to our beloved Islay, before she was eventually banned by Helen because of the sort of weather she attracted!   This poem was entered for, and won, the Templeton Trophy for the best sailing "Log" by a member of Ayr Bay Sailing Club.   Considering I sail *Jenny Wren* like a log it's probably the only sailing trophy I'll ever win!

O haud yer wheesht ye mariners,
Belay yer idle chatter,
An listen tae this epic tale
O my jaunts faur ower the watter.

SAGA ONE - MAY 1983

May 7th
Frae Kennacraig Bay on the seiventh o May
We sailed on the ebbing tide,
Wi me on the tap o the Doctor's caur
An him an the rest inside.

My big freen *Iona* had us onboard,
She works for a fella MacBrayne
An gied us a berth in her belly,
Tae keep us weel oot o the rain.

Nou sails are aaricht on occasions,
But there's times whan an engine is best,
— Like doun West Loch Tarbert an intae a win
Bearin twa degrees West o Nor-West.

Nae nonsense wi beatin an tackin,
The big yin went straucht as a bullet,
Wi niver a thocht aboot win-shifts,
Or the jib-sheet an whan ye suid pull it!

116

Gin we rolled aff the ship at Port Askaig,
The het sun beat doun on my keel,
Sae fierce were its rays, they near bucklt my stays,
An my backside wis stertin tae peel!

We were bidin a week at Bruichladdich,,
On Lochindaal's lang western strand,
Wi a rock-strewn beach forenent the Hotel,
An a haven nearby flaired wi sand.

The Doctor an Colin were keen for a sail,
Wi the win nou a gusty Force Four,
A bit o a beast, veerin roun tae Nor-East,
Hard on tae a craggy lee shore.

But valour gied wey tae discretion,
'Twas a day for the motor — no sail,
Sae the Seagull they screwed tae my transom
An heidit oot intae the "gale".

Bow heich oot the watter, stern doun in the waves,
The puir sowls were droukit wi spray,
Still, they plowtert aboot for ten meenits or mair
Afore they durst caa it a day.

May 8th
The followin morn, the twa sailors were torn,
— Suid they lie in the sun or set sails?
It wis sic a braw day, they went doun Lossit Bay
Tae play wi their spades an their pails!

May 9th
They werenae tae ken it wad blaw a Force Ten,
An the thocht o it made them fair seik,
That ae day in the sun garrd them forfeit the fun
O a sail for the rest o the week!

For a muckle depression cam in frae the West,
Wi its centre oot by Donegal,
An Lochindaal wis gruppt, an its watters were whuppt
Intae spindrift wi every squall.

117

They say at the stert, on the Watherman's Chairt,
There were Isobars packit sae close,
That the spaces atween juist cuidnae be seen,
An in places they even wad cross!

Frae Monday tae Friday the Tempest did howl,
An my hull, mast an halliards did batter,
But there's nae chance at aa o bein blawn awa,
Whan ye're fou tae the gunnels wi watter!

May 14th
The rest ye maun guess, an I cuidnae care less,
On the Setterday morn it wis braw,
'Twas a terrible shame whan we had tae gae hame,
An I niver got sailin at aa!

SAGA TWO - JULY 1984

July 10th
We set aff again in a hauf-gale an rain
On oor midsummer veesit tae Islay,
An the *Glen Sannox* rattled an pitched as it battled
Tae win throu withoot blawin its biler!

Hou the Doctor did curse as the wather got worse,
An it poort on an aff for twa days,
He wis near broken-hertit that his holiday stertit
Juist exactly the same as last May's!

July 12th
But the followin day his black tid gaed away,
Like the mist risin clear o the Paps,
As a Southerlie win made the clud cover thin
An the sun shone fou bricht throu the gaps.

'Twas blawin Force Three whan Colin an he
Rigged me up an set aff on a reach,
Then wi terrible gybin that beggars describin,
We fetched up on Indaal's north beach.

Wi the win blawin fair, it wis juist like at Ayr,
— Onshore breezes an miles o sand,
Aa that gybin an tackin, jibs'l fillin an backin,
— Whit a tonic — Oh my, it wis grand!

Whan efter a-wee, it wis time for their tea,
Wi the win blawin straucht up the loch,
We gaed hame kinda regal, wi wee Sanny Seagull
Fair beltin ower wave an throu trough.

July 13th
Whan they saw throu the lifeboat the followin day
An heard its remarkable story,
They werenae tae ken that their ain Jenny Wren
Very shuin wad be sharin that glory.

July 14th
For the very next nicht, there wis somethin no richt
Wi a wee white boat lyin aff-shore,
Sae Fiona an Sue, wha made up the crew,
An the Doctor, went oot tae explore.

The Doctor hailed loud tae auld Ruary MacLeod,
(He wis feart the auld fella wis fou!)
'Are you feeling all right?   You could lie here all night!'
He replied - 'I've a rope round my screw!'

We'd give you a hand to get back to land,
But I think Jenny Wren is too wee.
— Sae hame I did skelp tae summon up help
Frae a boat that wis bigger nor me!

Sae it nou can be said that I've been tae the aid
O a mariner in distress;
Wi a wee bit o luck, the report o my pluck
Micht be read in the National Press!

The Doc bein a Byllie will hope that it's no,
An that I am willin tae bet,
— For it wisnae a rope that wis caught roun his screw,
But the end o a Poacher's net!

119

July 16th

Whan the Doc heard the tale o the stranded Sperm Whale,
He tuik Colin an Gary tae luik
At the puir muckle beast, that measured at least
Fifty feet frae its heid tae its fluke.

Washed ashore by the tide, it lay on its side
Amang rocks that were slairit wi ile,
Frae the smell o its flesh it wisnae that fresh,
Sae the lads didnae tarry awhile!

Tho tired frae their walk, they cam back fou o talk
O the adder, the eagle, the whale,
An tae gie them their due, were still willin tae crew
Whan the Doc tuik me oot for a sail.

July 18th

There wis nae wey o tellin that doun at Port Ellen
The sun had been shinin aa day,
Whan they left me alane in the dreich drizzly rain,
Wi a haar richt doun ower the bay.

By aa the reports they had fun at the sports
Watchin Ileachs bein put throu their paces,
As they puffed an they pecht at tossin the wecht,
Heilin dancin, an three-leggit races!

Still, efter their tare, it wis only juist fair
That they'd pey some attention tae me,
The Doc swithert wi dout — suid he daur tak me oot
In an aff-shore win gustin Force Three.

Hou my riggin did sing wi that final wee fling
As he tacked aff the harbour's mou;
Then cam in under sail, an for yince didnae fail
Tae bring us aa safely throu.

July 19th

It's nou back tae the ship at the end o a trip
I'm shuir that I'll niver forget,
An I'm even nou thinkin, if he keeps me frae sinkin,
That the Doc micht a sailor mak yet!

Sae for Colin the Crew, an weel — you know who,
Wha cannae sail Mirrors for toaffee,
This Log they submit as their only chance yet
O winnin a Sailin Club Trophy!

J.A.BEGG   1984

THE FISHIN COMMITTEE

Lines written on being refused admission, without a word of explanation,
to membership of a small fishing club somewhere in South Ayrshire!
J.A.B.

Committee men o M------ Club,
I dinnae tak it as a snub,
Gin ye thocht fit my name tae scrub
Frae aff yer leet;
I winna want tae fish yer dub,
— An winna greit!

Tho aft I thocht I'd like tae spen
Some gloamin oors wi Carrick men,
Fishin their loch frae en tae en,
Wi crack an smile;
Gif that's yer Carrick welcome then
— I'll bide in Kyle!

An if the reason's as I think,
Aa linkit up wi whaur ye drink,
An wha thegither glesses clink,
Drawn heid tae heid;
I dout if I cuid staun the stink
O fish "lang deid"!

I winna want tae jyne yer "clique",
Ill-gabbit folk aye mak me seik,
Juist pray yer boats ne'er spring a leak,
— An wat behinds:
May the biggest troots ye'll ever seek
Be's smaa's yer minds!

J.A.BEGG   1988

leet/list   dub/puddle   gloamin/twilight   ill-gabbit/ill-mouthed

ANGLING CLUB MINUTES (UNOFFICIAL) - ITEM ONE

The official business of the meeting was over. The arrangements for the annual club outing had been completed, and the last item on the agenda, "Any other business", had, for once, been disposed of very quickly. The evening was still young, no one had any urgent need to leave, and the chairs were drawn nearer to the fire as the conversation turned from proposals and amendments to reminiscences. It is much to be regretted that on such occasions the pens of Minute Secretaries lie idle, for I doubt if there is an angling club committee which does not number at least one born raconteur among its members.

We are fortunate in having several who, singly or in series, can supply a flow of angling anecdotes to interest and amuse us for a longer period than is usually available. On this occasion, there was the usual round of reports on angling successes and disasters experienced since our last meeting. Hughie had had some good baskets of seatrout, taken mainly at night, and this led Tam on to the subject of nicht-fishin in general.

'Aye,' he began, 'it's a great gemm the nicht-fishin, an I've seen mony an odd set at it. But ye've got tae watch whit ye're daein. I mind aince bein oot at nicht my lane wi the Mey-flee, fishin up the Thrapple Glen. It wis a gran nicht for the job, a lown, warm nicht, no ower deid-daurk, an I'd killed a wheen braw troot afore I cam tae the Black Rocks. Ye aa ken the bit, an it's no every-yin that likes tae gae by it at nicht, intae the nerra bit o the glen. But in thae days I wis young an daft, an thocht naething o it, although that nicht I wisnae by the first rocks afore I got something tae think aboot! I wis juist feelin my wey ower a muckle stane whan I heard a voice in front o me!

'Man, I can tell ye, I stoppit gey smert! My een were gettin mair accustomed tae the daurk, an I could juist mak oot the big rocks in front o me. The voice wis comin frae the faur side o them, juist a laich kin o mutterin, an I can tell ye I learned then that it's nae lee tae speak o folk's hair staunin on end. I felt the back o my neck fairly birstle, an it wadna hae taen much tae sen me skelpin back doon the watter, I can tell ye! But, man, I wis curious, tae, an I crept furrit as quate as I could in my rubber buits, an keekit ower the rocks.

'Dae ye ken, I could hae burst oot lauchin! It wis auld Bauldy Broon, sittin there tryin tae tak oot a fankle in his cast in the daurk, an sweirin awa tae himsel aa the time. He wis nae mair than a yaird frae me, an withoot thinkin much aboot it, I juist raxed ower an liftit the bunnet aff his heid.'

Tam looked round his audience, his face suddenly serious. 'I'll never dae a daft thing like yon again, he declared. Whit wi the noise o the watter an his ain voice, Bauldy hadna heard me comin near him, an for aa he kenned, there wisna a leevin sowl within a mile o him. Then somethin graips the bunnet aff his heid! Man, it tuik me a guid while tae bring him roun, an whan he did get his voice back, I can tell ye, I got as solid a sweirin as ever I've heard. But I wis gey gled tae hear it, for I ken noo that if Bauldy's hert hadna been as strong as it wis, I micht weel hae had a lot mair tae worry aboot.'

'Ye're richt there,' agreed Hughie, 'an it's easy eneuch tae get intae trouble at nicht withoot giein folk hert-failure.'

'Aye,' remarked Tam, 'it is that. I mind o anither nicht whan I wis doon the watter wi the big flees. Willie Wilson an his brither Rab were at the Bylie's Puil whan I got tae it. They werena lang stertit fishin at that time, an they had a lot tae learn, but they were keen eneuch. They were fishin the docken grub, an I went on doon the watter tae try a cast or twa on the Lang Flat. I killed twa guid troot aboot the pun, an lost whit I think wis a seatroot nearer the twa-pun mark. He breenged up an doon the watter like a daft thing afore the flee cam awa, sae I went back up tae see hou the boys were gettin on, meanin tae try the Flat later on, whan I'd rested it a wee.

'As I cam up tae the Bylie's I could hear the whush, whush o the boys castin awa. A grub didna last them lang, I can tell ye, an they were catchin the branches ahint them faur oftener than ony thing in front o them. I wis juist aboot up tae them when Wullie lets oot a roar like a bull, and gaes tearin up the bank and intae the open field, wi Rab rinnin ahint him, wi his rod still in his haun. Whan I got tae them he'd managed tae get Wullie stoppit, and I sune saw whit the trouble wis. Rab had him heukit richt in the nose, and I can tell ye Wullie didna like it!

'There wis only a bit glimmer o munelicht that nicht, but I had a wee flash-licht in my pocket, sae I got Rab tae haud Wullie's heid steady, an I set tae wi my knife tae ease oot the heuk. It wis a fykie job, but Wullie stood it weel, an I had it juist aboot dune whan Rab says, "For Goad's sake, Tam, caa canny wi that knife." "Dinna worry," says I, "I'm bein as canny as I can, an I'll no hurt him ony mair than I can help."

' "Och, I'm no worryin aboot that," says the young whalp, "it's juist that that's the last grub taickle that I hae left!" '

123

J.REID.

STUKKIES

Once upon a time, Town Councils throughout the land spent a great deal of time listening to "Pied Pipers" who claimed they could rid their Burghs of starlings; and a great deal of money paying them to do it — unsuccessfully — as this wee poem prophesied!

Black snaw-flakes birlin oot the purple lift
Like the whirlin spume o a blawin drift,
Jinkin an weavin, joukin an divin,
Twa or three leavin, thousans arrivin
In endless procession frae miles aroun,
Aa seekin the warmth o a freenly toun.

Oot the getherin dusk o an Autumn sky
Comes their bletherin sang an cheerfu cry,
On windae-soles, ruif-taps, ledges an spires,
A feathert clamjamfry o clatterin choirs
Draws ticht aathegither, raw upon raw,
Tae whustle an bicker the nicht awa.

Tae toun-folks ablow they're nocht but a pest,
Fylin their pavements an Sunday Best,
Toun Council Committees dae whit they can
Tae impose Man's solution — a total ban,
But Nature juist lauchs at 'poleetical will',
An the wee burds regairdless, come roostin here still!

Tae a kintra-lad tho, they're a mindin o hame,
As their gabblin sang — nae twa verses the same,
Mimics the peesie, the whaup, an the speug,
The sea-pie, the laverock, or even a dug;
An weel daes he ken they dae mair guid than herm,
Grubbin pests oot the meedaes, doun on the ferm.

Sae mind yin an aa, afore ye condemn,
There's mair tae this life than juist 'Us an Them',
We aa hae oor pairt in the Web o Creation,
Whether oot in the fields or in gran' Central Station,
If yer heid gets sair splattert, juist coont it as lucky
— There's room in this warld for baith us an the stukkie!

J.A.BEGG   1984

stukkie/starling   clamjamfry/crowd, rabble   clatterin/gossiping
fylin/fouling   speug/sparrow   sea-pie/oyster-catcher   laverock/lark

THE AULD JENNY HERON

Silent an solitary, staunin sae still,
'Neath a mossy bank by the tail o the puil,
Hauf hid by the feathery fronds o a fern,
Watches an waits an auld Jenny Heron.

Wi her heid set low on her streikit breist,
She luiks fast asleep, or dozin at least,
But her bricht yella een are luikin aboot
For an eel or a puddock, or even a troot.
Wi her braw grey shawl roun her shouders happt,
She dreams o times whan her craw wis stappt
Fou o rainbow troot frae the rearin pond
O yon fishery ferm at the back o beyond.

'Twas no oot o greed, but mair oot o need,
Wi a hantle o steirin weans tae feed,
That she an her mate gaed aft tae this spot,
Till yae April mornin her guid-man wis shot
By some chiel wi a gun an nae mair sense —
— Whan aa that wis wantit — a wee wire fence
A fuit or sae heich, at the edge o the watter,
Wad hae stoppit the need for sic senseless slaughter.
For try as they micht their lang necks tae streitch,
The end o the rainbows'd be aye oot o reach!

But sic is the wey o Man wi Nature,
Whan his ploys are threitened by some puir craitur;
He claims aa the warld as his ain dominion,
An rides ruch-shod ower ony opinion
That denies him the richt tae dae as he pleases,
An the 'Balance o Nature' can gae tae the Bleezes!

That a Heron itsel, as ane o God's wonders
Micht juist hae a richt tae a share o the plunders,
Is no tae the likin o some tottie minds
That dwell in the realms of their maisters' behinds,
Whase answer tae aa thing things they cannae work oot
Is tae rax for the gun, tak guid aim an shoot.
— An fishermen tae maun shouder some blame
Whan they grudge the auld Heron a troot for its wame;
Their heids fou o nonsense an common hearsay
That a Heron eats ten pun o troot in a day!

If they'd juist haud a-wee at the back o thae birks,
An no breinge on throu like a couple o stirks,
Tae fley the auld burd, mak her bend at the knees,
Tak fricht an gae screichin up ower the trees;
But staun an tak tent o the wey she bides still,
Patient as Job by the edge o that puil,
Waitin for some unsuspectin wee treat
Tae linger ower lang forenent her big feet.

Stey still, haud a meenit, Auld Jenny's steirin,
Neck set like a spring, her neb ready for spearin,
She bous hersel forrit, her heid bendin low,
Then faster than lichtnin, a daith-dealin blow
An a puir wee bit beardie is gruppt like a vice,
Turnt roun heidfurst an gulped doun in a trice;
Gies her heid a wee shoogle, plumes wavin like hair,
Then luiks roun aboot — she's got room for some mair.
Her een lippen on something faur oot o her reach —
— Nou watch weel ye fishers, this auld yin can teach
Ye juist hou tae gang warily efter a fush,
Cannily, daintily, nae hint o a rush.

Wi her heid set weel forrit, her een niver stray
As she ever sae slowly creeps up on her prey,
Yae fuit at a time, nae ripple or splash,
She hovers a blink, then quick as a flash
Heid's in/oot the watter an twists tae reveal
The frichtsome deid-thraws o a muckle great eel
Wrappt ticht roun her neck like a hengman's noose!
— Auld Jenny's hauf-chucklt afore she breks loose,
Syne draps the big eel, then grups it again,
Pecks twa or three times, dauds its heid aff a stane,
It's tossit an turnt till she's got it juist richt
Then it's slid ower her thrapple an doun oot o sicht,
Whaur it rummles aboot for a while in her wame,
Till she's poukt aa her feathers — an flees awa hame!

J.A. BEGG   1982

tottie/tiny birks/birch trees stirks/young cattle fley/frighten hauf-
chucklt/half-choked

126

ANYNTIT

If ever there wis a pair o anyntit rogues as didnae deserve sic a Divine blessin, it wis the McGintys. They got ither 'blessins', mind ye, mair nor yince frae the byllies, whan they wrigglt their wey oot o yae caper efter anither — like the time they had the impidence tae net the Tidal Puil at the mooth o the river.

The grapevine had tellt us o a hunner seatroot bein liftit oot the Tidal Puil yae week in the middle o June, an while daunerin alang its bank, I had fand a couple o wee widden pegs lyin whaur they suidnae hae been, hauf-wey doun the puil, juist whaur a gill net cuid hing easily in the slack watter — an hing a wheen o fish comin in wi the nicht tide.

A public pad ran doun the faur bank, an ayont the thorn hedge at the back o it wis an estate o bonny big hooses wi fancy gairdens. But whit had made their ploy aa the mair impident wis that the hoose o Girvan the netsman stuid nae mair nor a hunner yairds awa at the fuit o the puil!

Twa nichts later, the Heid Byllie, Jock an Neil an mysel, efter walkin the watter since the darkenin, feenished up at hauf-twae in the mornin by the road brig juist abune the Tidal Puil. It wis a still, bleck nicht, an as we left the bricht glare o the street lichts ahint us tae gang doun the pad, whit wi the trees abune us on yae side, the thorn hedge on tither, an the roar o watter throu the dam dirlin in oor lugs, we cuid see nor hear ocht. As oor nicht sicht cam back, the pad stuid oot a faint siller-grey, an as we cam roun a corner I stoppt deid — 'Somebody comin!' I hissd ablow my braith.

Fower faint bleck sheddaes nae mair nor forty yairds awa an heidin oor wey, stoppt deid tae! For a lang hauf-meenit we aa stuid ruitit tae the grund then, kennin we cuid gae nae further withoot them rinnin awa onywey, we switched on oor torches tae try an at least identify them. Blurred faces an grey sheddaes scattert, then dertit throu a handy gap in the hedge wi the fower o us in hot pursuit!

The 'hot pursuit' didnae last lang, for they were aff like grews at a hare, lowpin ower laich waas an throu the fancy gairdens, wi oor middle-aged sels pechin ahint them like fower auld spaniels. Then

127

we saw there wis yin no juist as skeich as the lave, an wi that the pechin auld spaniels turnt like magic intae a pride o lions efter the waikest o the herd! The puir bugger tried hard tae lowp a dyke but tummlt, an wi that we were in for the kill!

'Ma knee! Watch ma knee!' he cried.

'Ah ken that vyce!' I thocht, then wi my torch on him — 'T'Hell, Ah ken the face as weel!' — It wis Sanny Todd, a committee member o the Fishin Club, an a regular in oor shop!

'Whit the hell are you daein here?' I speirt, dumfounert.

'Ah wis only oot a walk....an whan youse pit the torches on me Ah thocht Ah wis gaun tae get mugged....so Ah ran!'

'Tell us anither!' scoffed the Heid Byllie. 'That wis the McGintys wi ye, an ye were nettin the Tidal Puil!'

Wi that, Sanny kent fine he had been rummlt, an stertit tae mak his excuses — 'Oh, ma knee!....Ah wish Ah hadne came....They asked me tae come wi them....it's ma furst time ever....Ah'm no workin, an thocht Ah'd mebbe mak a few bob for the weans!'

'Whaur's the net?' demandit the Heid Byllie wi a hert o stane as he sent Jock tae phone the Polis an turnt a blin lug tae the hard-luck story.

Todd stauchert tae his feet an hirplt back across tae the watter like a lame dug luikin for a pat on the heid. 'Doun there!' he gestured vaguely throu a gap in the pylin fence. I jumpt doun throu the hole an Neil cam ahint. We shone oor torches doun an up the puil, but cuid see neither corks nor ropes — naethin!

Disappyntit, herts sinkin, we were juist turnin awa whan we spied, ablow the watter, the end o an orange rope. Tied tae an underwatter peg, it streitcht oot o sicht tae the faur bank. The fly buggers had been uisin submerged nets that wad niver hae been seen in a month o S..ndays by byllies patrollin the banks!

For my sins, I began tae feel a wee bit sorry for Sanny, for I kent he had a puir wife an a hantle o weans tae keep on Benefit — tho it did cross my mind that if only his doctor kent he wis fit eneuch tae gang oot poachin, he micht no be 'oan the seik' ower lang wi his gammy leg!

But there he wis, forlorn an dowf, staunin on the yae leg an moanin aboot the tither, an I tuik peety on him at bein nabbed on his furst nicht oot.

'Awa hame oot the road, Sanny, an let us get on wi luikin for thae ithers!' I fand oot my mistake five meenits later whan Jock cam back.

'Ye silly bugger!' he cried. 'Ah've juist mindit on ma road tae the phone that that yin Todd has been bummin tae ither fishers in the Club o aa the seatroot an saumon he's been catchin on the flee up the watter this year....an even showin them photies tae prove it!'

I cuid hae crawlt ablow a stane! 'Aw weel, we ken whaur he steys, an the Polis can pick him up later,' I excused lamely, 'but we'd better gang an get that net the nou.'

A sherp rug shuin freed the net frae the faur bank, an we poued it in haun ower haun, expectin wi aa the eager anticipation o poachers themsels tae see a guid haul o seatroot, but aa we got wis yae dumfounert wee flounder!

The Polis were nane too pleased ither, whan they had tae pick up Sanny Todd at hame — aa the mair sae whan they fand oot he'd been the driver an had left his caur doun a nearhaun street — nae dout wi ither nets in it! We aa learn by oor mistakes!

Nane the less, Sanny did come tae coort — withoot the McGintys — an the Sheriff wisnae ower impressed wi his bein 'oot a walk' at hauf-twae in the mornin, an fined him £70. An the funny thing is, despite it aa, Sanny's still a guid customer!

J.A.BEGG

THE DYKER

Grandfaither trysted him tae mend the dyke
That rins oot ower the hill ayont the ferm,
For he wis tired wi mony a fash an fyke
Whan yowes had brakken through an cam tae herm,
Laired mang the moss-hags yont the benty knowes.
Years, an storm, an snaw an rain had dune fell wark,
An stanes were lowse an aa wis heichs an howes.
Grandfaither thocht he'd had his fill o cark.

Sae aa ae simmer lang, while still a lad,
I watched the dyker at his lanely tred.
Stane upon stane the slaps an holes were filled
By that wee canny man o wiry build,
Wha liftit muckle clints like dauds o cork
An wroucht awa frae early morn till daurk.

Betimes he'd stop, an share his cheese an breid
Wi shilfas an blue-bonnets frae the wid.
A tea-flask sup, ten meenits wi his pipe,
Then back again tae mak the dyke ship-shape,
Wi aye an antrin through-gaun binnin-stane
Tae clink aa firm gainst time an storm an strain.

Grandfaither, faither, dyker — aa are gane
This mony a year, an nou the ferm's my ain.
But still the dyke stauns, arrow-straucht an stoot,
Nae whittret-pruif, but stellin sheep or nowt
— A better monument tae haun an brain
Than some forgotten, moss-cled kirkyaird stane.

J.REID   1989

trysted/engaged   laired/bogged down   benty knowes/rushy hillocks
fell/grievous, very harmful blue-bonnets/blue tits binnin-stane/binding-
stone   clink/clench,rivet   stellin/halting, stopping

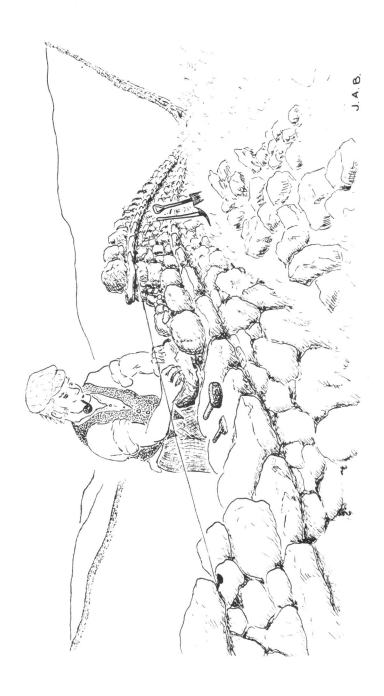

TAM LOWRIE'S MUCKLE FISH

At crack o dawn ae Lammas day,
The mornin sky juist growin grey,
Tam Lowrie steiked his cottage door
An set oot on his favorite splore.
For Tam had aye the fishin fever
— Kenned faur an wide on loch an river
He heeded neither time nor tide,
For fishin he'd lay ocht aside.
Tam was a souter, famed an guid
But whan the troot were in the tid
Baith young an auld micht rin barefuit,
For buits an shuin were left tae sit.
He'd try for troots, or geds or graylin,
But saumon were his special failin
Whan spates cam doun an fish ran up
He'd halt for neither bite nor sup,
An nou, though still a kennin broun,
A "bank tae bank" wis finin doun
An Tam, as usual, had his visions
O muckle saumon up in dizzens.

Tam was a man wha'd never mairried
He'd seen guid fishin plans miscairried
Through girnin wives an ailin weans
— He kept awa frae nuptial chains.
Sae ilka day was aa his ain,
An Tammas steppit oot his lane
Tae try the puil below the linn
Whaur big fish restit frae their rin.
His muckle rod he muntit fast
Wi reel, an line, an horsehair cast,
An, lest he shuid a monster see,
Tied thirty plies next tae the flee.

Aa fishers worthy o the name
Ken weel that feelin in the wame
As oot they throw the day's first cast.
Tam's hopes, aye high, were risin fast.
He watched his flee move through the puil
An wroucht it roun wi canny skill,
Hingin it ower a weel-kent lie,
Anticipation mountin high.
Anither cast withoot a pluck
Led him tae try a third, for luck,
An shair eneuch, a monstrous tail
Cut through the watter like a sail!

Tam caad upon his Maker's name
Poed bak the rod, the heuk gaed hame,
The saumon turned its muckle heid
An set aff for the sea at speed!
The skreichin reel spewed oot blue reek,
The line becam a hissin streak,
An Tam's brogues on the rocks played clatter
As he tae heidit doun the watter.

Puil efter puil that fish breenged through
While Tammas wiped his streamin broo
An joukit trees an lowpit saughs
An ran, near braithless, doun the haughs.
But, nearin nicht, things slowed a wee.
Tam streekit oot below a tree,
The fish had tired, an lay deep doun,
An syne the pair were sleepin soun.
But Tam was slee, an roun his lug
Had wund the line, sae that a rug
Wad roose him, waukened, ware an willin,
Gin aince the saumon stertit pullin.
The warnin teug cam wi daylicht,
Tam held the rod wi aa his micht,
An sae the twae set aff again,
The fish still pouin like a train.
But syne the strain began tae tell,
Tam's heid was ringin like a bell,
The fish whiles rowed, his tail played slatter
An fearsome swirls broke the watter.

133

Juist then, Tam saw a welcome sicht —
An auld frien's tractor, braw an bricht,
Clatterin doun a nearby brae,
Weel loadit wi some bales o strae.
Mains o Pittendreich himsel
Was drivin't, an he heard Tam's yell,
Cam doun tae see whit was adae
An syne enlistit in the fray.
Against sic odds, nae fish could win,
At last the tractor drew him in,
Tam cloured him wi a pilin stab,
Then shuik hauns wi his guid frien Rab.

'Dod, Rab,' he gasped, 'that ane's nae minnon!
Withoot your help, he'd still be rinnin.
Nou haun me ower that hedgin knife —
Ye'll tak a cut back tae the wife.'
'Thanks, Tam,' said Rab, but juist the same
Ye'd better keep it, for at hame
We are na fond o fish ava,
An saumon wad be shair tae staw.
But, no tae huff a kindly frien,
Juist let me hae his muckle een.'

'His een!' cried Tam, wi runkled broo,
'Whit mortal uise are they tae you?'
'Man, Tammas,' said the laird o Mains,
'They'll mak me twa graun curlin-stanes!'

J.REID

Lammas/August 1st   souter/shoemaker   ged/pike   kennin/little
linn/waterfall muntit/mounted,set up plies/strands haugh/level ground
beside a river streekit/stretched wund/wound roose/rouse ware/alert
rowed/rolled clour/batter,thump pilin stab/fence post runkled/wrinkled

134

FISHERS!

The other side of the angling coin!   J.A.B.

Envisage the idyllic scene,
Enshrined in print and book,
As leafy glades it flows between
— The rippling, rustling brook.
His happy wand the angler plies
O'er streamy runs and wimples,
And casts his gaily-coloured flies
O'er each trout's rising dimples.

His brother angler 'cross the stream,
He cheerfully regales,
And 'neath the shady bough he'll dream
Of fish as big as whales.
At peace with self, and fellow man,
With Earth, and Universe,
Tranquillity beyond our ken,
Tranquillity — ma erse!

Alane, himsel, or whiles in pairs,
Oor fishers maun be couthie,
But gethert three, or fower or mair's
An invite for a stushie!
They'll argie wha's furst doun the puils
By fishin etiquette;
Daur yin tak fish, the ither fuils
Are shuir tae tak the pet!

On Competition days there's aye
A protest or a ruction,
As 'brither anglers' tak the wey
Tae freenship's self-destruction.
In measly minds ill-naitur dwells,
O that I hae nae dout,
They'd as shuin cast oot amang themsels,
As cast a flee for troot!

Committee meetins aye bring oot
The warst ill-gabbit crack;
The guttin knife that's meant for troot
'S mair like tae stab yer back!
As fiction triumphs ower fact,
An lees tak ower their lives,
Some less an less like fishers act,
An mair like auld fishwives!

Juist tell me this, I hae tae ken,
Gif it be true or not;
Are curlin, boolin, gowfin men
Aa taintit wi this rot?
Or is it as I badly fear,
That fishers are unique?
If that's the case, I'll sadly sweir
There's times they mak me seik!

                    J.A.BEGG   1988

stushie/squabble   tak the pet/take the huff

THE ANGLING CLUB MINUTES (UNOFFICIAL) — ITEM TWO

The angling club committee meeting was over, but the fire was still good and the bus to be caught by our outlying members was not due for half an hour, so Hughie began to describe a recent experience.

'I had a permit for a nicht on the Bargairlie watter,' he began, 'an I went ower aboot a fortnicht ago wi a guid box o docken grubs, for the keeper had tellt me ae day that there were some grand seatroot rinnin. I tuik twa or three brushers in my basket tae, an that wis my mistake.'

'Brushers, Hughie?' queried the Purist. 'Aye, brushers,' Hughie repeated testily, 'or screwtaps, if ye like. Mind ye,' he added, 'I'm no in the habit o takkin drink whan I'm fishin, but I believe in seein tae it that a keeper gets whit he likes.

'There wisna much daein that nicht tae begin wi, an whan the keeper cam alang we got talkin, the crack wis guid, an whan he left me the bottles were tume! Things were still gey quate, an no a fish movin, an I had juist sat doun an lichtit a ceegarette whan a guid fish splashed in the daurk ower by the faur bank.

'I drappit the grub a yaird or twa abune the rise an let it come doun tae him. He tuik it quate an canny, but whan I hit him I sune kenned whit I wis intae. Man, he went up oot o the watter like a shot frae a gun, an frae the glint I got o him in the risin mune, I'd say he wis five pun if he wis an unce! Up an doun he went, an back an forrit, an I'll guarantee ye I wis sweitin by the time he wis tirin. But I brocht him in at last, drew the rod back ower my shouther an pit the net intae the watter ready for him, whan, withoot ony warnin, the rod strauchened oot, an he wis awa!

'I couldna believe it. I kent he wis weel heukit, and I felt to see if the heuk had broken. There was nae heuk! There wis nae cast! I felt alang the rod, an there wis nae line! Then it dawned on me. If my heid had been as clear as it should hae been, I'd hae drappit the ceegarette whan that fish tuik me. But I had it in my left haun aa the time I wis playin that seatroot, an at the last meenit it had burned through the line!'

Hughie joined in the laughter, an Duncan smilingly remarked, 'That's juist about enough to make you sign the pledge,Hughie.'

'Na, na, Duncan, hardly that,' was the reply, 'but man, I'm seriously thinkin o giein up the smokin.'

'You'd do much better to give up grub fishing,' said the Purist. 'What's wrong with the fly for seatrout?'

'I've tellt ye before,' replied Hughie, with a long-suffering sigh, 'that I can, an will, fish the flee whan I think it's daein, but it's only a haufwut that wad keep lashin awa wi the flee whan it's no daein.'

'But did you try the fly at all that night at Bargairlie?' persisted the Purist, 'or did you just begin with your poacher's method?'

'Speakin o poachin,' broke in Tam, to forestall the development of one of our periodic good-humoured, but lengthy Purist versus Hughie wrangles, 'did I ever tell ye aboot the nicht Badger Tamson went tae blaw the Bylie's Puil?' Our negative replies gave him the signal to proceed.

'Ah weel,' he continued, 'the Badger's deid an awa, sae there's nae herm in tellin it nou. He wis an uncle o Jock Tamson's, an it wis Jock that tellt me aboot it, for he wis there. He wis only a laddie at the time, an Badger wid whiles tak him oot for a nicht at the rabbits. He had a guid wee mongrel terrier that could nip a rabbit in the breckens the natest ever ye saw, an mony a dizzen Badger tuik wi the wee dug aff the Marquis's grun.

'Badger wis a gran auld fisher tae, an he could tie a cast o speeders that would kill troot onywhere. 'But the poachin bit wis aye there, an this nicht I'm tellin ye aboot, Badger kent there were twa or three guid saumon lyin in the Bylie's. He'd brocht twa sticks o gelignite frae Nummer Seeven Pit, whaur he wis workin at the time, an he an Jock got doun tae the watter juist afore the daurkenin. They tuik a turn up an doun the watterside wi the wee dug, tae mak shair there wis naebody else aboot, but there wisna a sowl tae be seen, sae the Badger stertit gettin things ready. He had the twa sticks in a wee tin, an he sune fitted them up wi keps an strum. He wis aye a canny yin, the Badger, an he cut enough strum tae gie them aboot a meenit afore the shot wid gae aff. Then he tellt Jock tae get awa up the bank an intae the field, lichtit the strum, threw the tin intae the deepest bit o the puil, an followed Jock up the bank.

'Nou, juist hou it happened Badger never could tell. It micht hae been that a floatin branch kept the tin frae sinkin, or maybe Badger hadna wechtit the tin wi enough wee stanes. Onywey, whan he got intae the field an luikit back, there wis enough licht for him tae see the

wee dug comin up frae the watter cairryin the tin in its mooth! Badger
roared at him tae drap it. He drapped it on the gress, shook the
watter frae himsel, then picked up the tin again an cam trottin up the
field wi it!

'Badger saw there wis only ae thing for it. He yelled at Jock tae
rin, an the pair o them tore across the field wi the wee dug trottin efter
them. Jock had a bit o a stert, an he could rin like a hare, but Badger
reached the gate alangside him, an they had juist flung themsels ower
it whan the shot gaed aff, no faur ahint them! There's nae sayin hou
faur awa it must hae been heard, but gie Badger his due, he went back
tae see whit had happened tae his dug. Puir wee beast! Aa he fund
wis its collar, an he tuik that hame wi him, an buried it at the fuit o his
gairden.

'An dae ye ken,' concluded Tam, frae that nicht till the day he
de'ed, he never blew anither puil. An whit's mair, he never kept
anither dug.'

J.REID

brushers/bottles of beer   speeders/wingless trout flies   keps/detonators
strum/fuse

OOR SKIP

Whan Curlers drawn by Winter's caa,
Forgether on the ice,
There's ane that stauns abune them aa,
Skeelie, bauld an wyce.
Aftimes seen in shape o man,
Aiblins that o woman,
Tho streitchin ower the season's span,
Ye'd hardly caa it human!
— That's oor Skip!

There's some that sprauchle 'lang the ice,
An roar like big bull seals,
While ithers cry wi trimmlin vyce
An mouse-like squeaks an squeals;
But gin the soun comes ower strang,
Or saft's ye cannae hear it,
Deil a haet ye daur dae wrang,
For ye're the ane he'll sweir at!
— That's oor Skip!

He'll staun ahint that tee-line,
An niver soop the stane
We're guidin in a bee-line,
Airms workit tae the bane:
Or gie ye ice that's mair nor twice
Whit's needit for a draw,
An juist tae spice this duff advice,
Gies haunle wrang an aa!
— That's oor Skip!

'Hurry! Hurry! Soop!' He'll yell,
'Bring on, bring on that stane!'
Whan ony gomeril cuid tell
It's rinnin like a train!
An like as no we're lyin twa,
Whan the damn stane birlin loose,
Slams in an caas them baith awa
— An skites on throu the hoose!
— That's oor Skip!

We'll tak oot, chap an lie, an gaird,
An soop oor brushes bald:
Nae sinew, jynt or muscle spared
Frae the flytin o that auld
Bugger! — Nou they're lyin yin,
The air is thick wi tension,
But can he draw last stane tae win?
— He cuidnae draw his pension!
— That's oor Skip!

J.A.BEGG   1988

gomeril/stupid person   skites/skids   soop/sweep

BANK PIT

The 'Auld Pit', Bank No.1, was worked continuously for over a hundred years, and lay only a quarter mile across the moss from our cottage at Knowetop. Nearby were the miners' rows of Burnfoot and Craigbank, where I spent my boyhood, inhabited by over two thousand folk, for at that time there were seven working collieries in New Cumnock alone. Now there are three pits in the whole of Scotland. This poem is a memorial to a vanished community and a dying industry. J.A.B.

Snaw-white steam rents the blue veil
O a spring morn
As the sax o'clock horn steirs
Day-shift men frae their set-in beds;
An muckle horls birl coonter-wise,
As the piston pouer
O windin engines
Plays yo-yo
Wi mens' lives.

Drawn by the gliff o daylicht
Faur abune, the risin cage
Dunts an shoogles its wey
On pitch-pine sliders
Tae the surface.
White een in bleck faces
Screw at the sunrise,
As the wearit nicht-shift
Swaps tokens
For het baths
An fresh air.

Syne, doun the shank,
The day-shift men — strippers —
Braid o back an strang o limb
— Bred for the job —
Ride a roller-coaster
Tae the coalface doun The Douk.
Nae level Glesca Subway this —
— The Southern Upland Faut
Has seen tae that;

Wi inclines, steps an folds
That shatter seams
Like traicle toffee in a tin,
An mak winnin coal
Mair o a loasin gemm!

Back up abune, the Wee Pit Pug
Worries its waggons
Tae the bing —
— An coups its load o fossil stanes
Ower the heather moss;
While doun the line,
The Big Engine clanks awa
Wi a load o hard-wrocht coal
For smeekit Glesca.

Dugs bark.   A sherp aixe
Splits kinnlers aff a clog.
Raws echo tae the chap
O hemmers brekkin coal,
An the scrape o shuils
Fillin tuim pails.
Blue reek spews
Frae a hunner lums
As cauld tea's jawed
Oot the back door,
An a fresh pot masked
On the bleck-leid grate
For the bairns' breakfast.

Anither day begun....
Anither time....
Anither warld!

J.A.BEGG   1989

Fourth Prize Winner (Scots Section) S.N.O.P.C. 1989.

set-in bed/recessed bed horls/winding gear shank/shaft strippers/coal-
hewers   douk/steep incline   pug/shunting engine   clog/small log
shuils/shovels   masked/infused

CRAWS

Nae mair we pyke oot sodgers' een
Whaur the deid lie gash an pale.
The battlefield was aye oor frien
Whaur craws could pick an wale.

We've tholed awhile the days o peace
Withoot gaun faur frae hame,
For man's aye been a wastrife race
An his coups can fill oor wame.

Forbye, we hae his gran new roads
Whaur the speldered deid lie blae;
Hurcheons, maukins, brocks an tods
Keep us weel fed ilk day.

Sae we can brawly bide oor time
While man gangs on ram-stam,
Hell-bent, ye'd think, on the hinmaist crime,
Tae set the warld aflame.

An gin the deidly clood suid faa
Efter the awesome blast,
I'se warran that a huidie craw
Will be there at the last.

J.REID   1986

gash/ghastly wastrife/wasteful blae/blue-grey, livid hurcheons/hedge-
hogs brocks/badgers ram-stam/headlong, heedlessly I'se warran/I will
wager

THE GREAT CONIFER CON

The recent conversion of Mrs. Thatcher and her Government from Cobalt
Blue to 'Green' will only impress sceptical environmentalists, whose
warnings of many of the present impending natural calamities facing the
world were pooh-poohed by successive Governments ten or fifteen years
ago, when Ministerial double-talk gives way to positive, enthusiastic
action.   The following two poems, in English for a wider appreciation,
say it all!

> The Environmental Minister
> Dreamed up a wizard wheeze —
> — At first glance nothing sinister —
> He swore he meant to please
> The Environmental Lobby,
> And put them at their ease,
> When he stopped T.Wogan's hobby
> Of avoiding Tax with Trees.
>
> Had 'Our Leaders' shown rare qualities;
> Seen the folly of their ways;
> Of pursuing ancient policies
> That date back to the days
> When trees were chopped to prop the pits,
> Smelt steel, build ships of oak?
> — The pits have gone, steel's had a blitz,
> Shipbuilding's now a joke!
>
> Alas! The 'Guardians' of our Land,
> Ignoring counsels sane;
> Dogmatic minds and grasping hand
> Obsessed with private gain;
> Have pandered to the Men of Means,
> Of Profit, Power and 'Yields',
> With a doubled grant for evergreens
> To scar hills, moors and fields!
>
> To such men, conservation means:
> 'Conserve the Ruling Class,
> To Hell with soft idyllic scenes
> — For where there's muck there's Brass!'
> Our landscape goes from bad to worse,
> And now to cap it all,
> They rob poor Peter Public's purse,
> To pay rich Private Paul!

J.A.BEGG   1988

PROFIT OR LOSS

'What profit a man if he lose his own soul
And gains all the wealth of the world?'
What profit the world from the damage untold,
As great Multinationals, like pirates of old,
Treat our birthright as loot to be pillaged and sold:
— With the dread Skull and Crossbones unfurled

On the drums and containers of chemical waste,
Cancer-spawned by industrial blight,
Being buried or dumped off with indecent haste,
Wherever there's minimum chance of being traced;
Ignoring the consequent perils then faced
By all creatures — from man to mere mite?

Industrial sewers from Seine to the Rhine
Slip their cocktails of death to the seas;
And a brew much more lethal than Borgia's wine,
Sends our seal stocks and fish in a spiral decline,
While our Governments tell us that 'Everything's fine',
As they pocket their V.A.T. Fees!

Meanwhile spiralling upwards, an incense profane
Accompanies their Mammon-god prayers,
As sulphur and nitrogen oxides sustain
Tree-deadly deposits of acidic rain;
And aerosol chlorfluorocarbons maintain
Giant holes in our Earth's ozone layers.

Whole rain forests toppled at frightening speed,
Himalayas denuded of trees;
One — victim of folly and rapacious greed,
The other of poverty, ignorance and need;
But both desecrations are destined to lead
To fair Earth being brought to her knees.

For our life-giving oxygen sources are these;
Photosynthesis must be maintained;
We cannot let others just do as they please —
— Our very existence depends on those trees:
So before we expire in a terminal wheeze,
We must ponder — 'Just what have we gained?'

Each person must wake up and see for himself,
The lands that have withered and curled;
The tired, tainted seas which, with sick silent stealth,
Are slowly and surely destroying our health:
What profit Mankind if **some** gain all this wealth?
— And WE finish up LOSING THE WORLD!

J.A.BEGG   1988

DOUBLE ANYNTIT

Nae mair nor three days had gaen by since the Sanny Todd caper, whan the grapevine tellt us again that the McGintys were set tae dae the Castle watter, an that this time they had pousion — cyanide pouder!

Their ither ploys wi nets an treble heuks we cuid pit up wi, but this wis serious! It wis yae thing drawin a net doun a puil, but only the scum o the earth or eejits wad pit cyanide intae a puil, killin everything in the river frae caddis grubs tae saumon; especially in the middle o a heat wave, wi mebbe the chance o killin ferm beasts slockin their drouth; or waur still — weans haein an early douk five miles further doun the watter the neist mornin!

An whit wis mair, the grapevine said they'd got themsels a 'minder' — a big heid-banger wi a Black Belt in Karate — or sae the story went!

True or fause, we were for takin nae chances, an a team o five byllies linkit up wi fower o the Castle keepers tae watch the watter that nicht. We'd watched an walked till efter twa o'clock, an had juist rendevoused tae gang back tae oor caurs parked aff the drivewey, whan we heard a caur draw up on the main road. There wis a mad dive intae the rhododendrons, an then cam the high-pitched revs o a caur engine gaein intae reverse — an did he no stert tae back doun the drive!

Courit doun ahint the busses, oot o the beam o the reversin lichts, we cuidnae believe oor luck whan it drew up near eneuch forenent us.

'Wait till they've got their nets oot the boot then jump them!' I croaked across the road tae the ithers, juist afore fower men gat oot the caur an crowded roun the back. There were saft thuds an a clink o chains as secks o poachin graith were dumped on the road.

'Right....Nou!'

There wis pandy-bluidy-monium as torches flashed on, an bodies flew aa-roads —some chasin, ithers bein huntit — in the pitch bleck amang the trees. A white sark picked oot the driver, an I went for him as he stuid aside the door wi the caur engine still rinnin. Lucky for us baith (or sae I thocht!) he gied nae resistance, but pit his hauns abune his heid as meek's a lamb.

Aa roun aboot in the mirk there wis bawlin an sweirin as byllies laid intae poachers — an intae ilk ither as weel! A shape went hurtlin by chased by three byllies, an anither crashed intae the wids, while nearhaun a big stramash wis gaun on that drew my ee juist at the wrang time.

A shove sent me heidfurst on the gress, an afore I kent it the caur wis burnin its tyres oot o the drivewey wi its boot-lid clangin like a set o cymbals!

Wi that, the collieshangie de'ed doun an we stertit countin heids an lickin oor wounds. We hadnae dune that weel considerin oor 'numerical superiority'. The driver had escaped; ane o the McGintys had run the gauntlet o butterfingert byllies an wis awa the same gait; while fower keepers, the cause o the stramash that had divertit me at the wrang time, were sittin on the heid o yin o the gang.

Wis it Wullie McGinty? Wis it Dick! He wis awa as weel — an aa we were left wi wis their puir minder wi a bluidy nose an unhappy memories o his furst nicht's poachin!

The Polis shuin arrived an identified him as a pub bouncer, mebbe no sweirt tae gie somebody a belt on the nose himsel, but certes nae Black Belt at ocht else!

We tuimt oot the bags an fand three nets wi chains, mair secks for the fish, an a wee Tate an Lyle seerup tin fou o holes, tied tae a string, but wi nae cyanide tae pit in it. This worrit us till the neist day whan Neil tuik a turn oot tae the scene o the crime, an fand a poke haudin three pun o cyanide hidden ahint a hedge nearhaun the drive entrance.

Oor 'minder' in due coorse got a 'wee mindin' himsel frae the Sheriff in the shape o a £150 fine, but it wis no till years later, whan I met Wullie McGinty on the river yae August efternuin, that I got the ither hauf o the story.

His brither Jimpy had managed tae brek free o the byllies, cairryin the cyanide, had stashd it ablow a buss, an then hadnae stoppt rinnin till he got tae Maybole — five miles awa!

Wullie, on the ither haun, had dived intae the trees five yairds awa, an lain doggo listenin tae aa the stramash — an aa the sweirin efterwards — till we aa went awa hame!

'An see yon nicht at the Tidal Puil....yer big mistake wis walkin abreist comin doun thon pad. If ye'd been walkin single file, we'd hae thocht ye were juist a man takin his dug oot....an cam richt up by ye an been nabbed!

We niver did catch Wullie, tho the Sheriff pit him awa for a lang time for ither things, but Jimpy finally met his poachin Watterloo, an a £350 fine, whan he got careless an the Polis themsels nabbed him at, o aa places — the Tidal Puil!

J.A.BEGG

THE THREE WEE DEILS

Ae day in the benmaist neuk o Hell
The Deil was minded tae rest himsel
He had juist won back frae his wark on earth,
Oot sawin temptation for aa his worth,
Gaun up an doun that trauchled sphere
Walin the sinners frae faur an near.
An nou, safe hame, wi fauldit pinions
He tuik his ease, while twa-three minions
Were thrang at their darg in the earth abune,
For the deil's wark rests for sun nor mune.

But Hell hauds neither peace nor rest,
Sic things are only for the blest.
He'd scarce lain doun by a weelgaun bleeze
Whan the Deil was yerkit frae his ease
Tae pass new entrants, needin clearance
— An he cursed them weel for the interference!
Syne back again ower the het flagstanes
He settled doun tae rest his banes,
Whan a canny wee chappin at the door
Steered him again, an he grained an swore.
But the eident Deil turns nane awa,
The door swung open at his caa,
An three wee deils cluit-fuited in
Tae their faither's howff in the Halls o Sin.

Their sire luikit doun wi a pridefu ee,
For gey gleg deils they were like tae be.
'Whit brings ye here?' he kindly speired
(They pleased him sae, his froun had cleared).
'Weel, Faither,' said ane, as ye maun ken,
'We're deevilish keen tae be lowsed on men.
We'd like tae gang tae the earth abune
Tae keep the sinners birlin in.'

151

The Deil, though fu o paternal pride,
Poued his lug for a wee ere he replied:
'Ye're hotchin tae gang, I see that fine,
— 'Deed, else ye wadna be sons o mine —
But deevilocks maun be weel prepared
Before they delve my earthly yaird.
These days, deil kens, there's rowth at caa
Tae keep Hell fou — nae lack ava!
Ye'd think tae sin aa men aspire
— Feth, whiles I think I could retire!

'But sittin birds are sune gey stawin,
Ye'll grow quick tired o easy mawin,
An want tae feel that grand elation
Whan ane faas victim tae temptation
Wha's kept awa frae fun an gemms
An thocht he had the Deil in hemms.
For sic-like, ye maun be gey slee
Tae mak him tak the cup an pree,
Sae ilka ane juist tell me plain
Hou ye hae planned your great campaign.'

Up piped the first: 'Sen me abroad —
I'll tell mankind that there's nae God!'
Wi a grue at the Name, the Deil frouned sairly.
'My lad, I doot ye'll fare but puirly
Gin that's your heaviest ammunition.
Caa't, if ye like, juist intuition,
Or scannin, whiles the staurs an mune
— Man kens fou weel there's Ane abune.'

'Then let me gang,' the second cried,
'Tae wark your will on the warld wide.
A better plan I've gien mysel,
I'll tell mankind that there's nae Hell!'
Nick shuik his heid wi plain distaste.
'Na, na, my son, facts maun be faced.
Men still ken if they're daein wrang
Whan burnin conscience drives its stang.
They ken it's a taste o the life doun here
Gin sinfu weys they dinna forsweir.'

The third imp stuid gey quate an slee,
An the Deil saw himsel in the wee red ee.
'Let me rin lowse, an dinna worry
— I'll juist tell men that there's nae hurry.'
The Deil sprang up frae his sate by the swee
An his een were alowe wi a hellish glee.
'Gang furth, my son, wi aa your speed
For you hae the Deevil's word indeed.
Gin men heed you, we'll bucht them in.
Procrastination's the deidly sin!'

J. Reid   1983

First Prize Winner (Scots Section)   S.N.O.P.C.1984

benmaist/furthest in   sawin/sowing   darg/work   yerkit/snatched
eident/diligent, careful   cluit-fuited/walked on cloven feet   hotchin/
fidgetting, itching   yaird/kitchen garden   mawin/mowing   in hemms/
harnessed, curbed   swee/moveable bar over fire (for hanging pots)
bucht/enclose e.g. in a sheepfold

GLOSSARY.

A

aa	all
ablow	below
abreist	abreast
abune	above
afore	before
agin	against
ahint	behind
aiblins	perhaps
aidle	liquid manure
aik-tree	oak
airn	iron
airt	direction
airted	directed
aither	either
aixe	axe
alang	along
alowe	ablaze
ane, yin	one
aneath	beneath
anent	alongside; concerning
antrin	occasional
aside	beside
asklent	askance
atween	between
auld-farrant	old fashioned
ava	at all
ayont	beyond

B

baa	ball
back-en	autumn
bare-scud	naked
bauk	unploughed ridge
bauld	bold
baur	bar
baurley bree	whisky
bawbee	halfpenny (pre-decimal)
beardie	stone loach
ben	through
benmaist	furthest in
bents	moor grasse[s]
bere	barle[y]
bestial	livestoc[k]
bide	sta[y]
bield	shelte[r]
big	buil[d]
bing	colliery spoil-hea[p]
binnin-stane	binding-ston[e]
birk	birch tre[e]
birl	whir[l]
birstle	bristl[e]
blackie	blackbir[d]
blae	blue-grey, livi[d]
blate	bashful, timi[d]
blashy	windy, rain[y]
blatter	heavy blo[w]
blether	idle tal[k]
blin-bat	mot[h]
blue-bonnet	blue ti[t]
bluid	bloo[d]
boke	retc[h]
bou	bo[w]
bowder	boulde[r]
bowffd	barke[d]
bowlie	bow-legge[d]
brammle-buss	bramble-bus[h]
breckens	bracke[n]
breinged	barge[d]
brent	bran[d]
brock	badge[r]
brose	dish of oat- or pease-mea[l]
brushers	bottles of bee[r]
bucht	sheep-pen; to enclos[e]
buskit	dresse[d]
buss	bus[h]
byllie	water bailif[f]
byne	washtu[b]

C

caad	called; knocke[d]

caddis-beasties	caddis fly larvae
caird	tinker, vagrant
callant	youth
canny	cautious; wary; gentle
cantraip	spell, trick
canty	cheerful
cark	care, worry
cauld	cold
cauldrife	chilly
caunle	candle
caur	car
causey	paved street
chap	knock, rap
chapman	packman
chiel	lad, man
chimley-cheek	side of fire-place
chitterin	shivering
chuckle	to choke
chynge	change
cinnery	cindery
clamjamfry	crowd, rabble
clarty	dirty
clash	chatter, talk
clashin-weet	soaking wet
clatterin	gossiping
cleek	gaff, large hook with handle
cleg	horse-fly
cleidit	clothed
clink	clench, rivet
clint	rough (curling) stone
clog	small log
clour	batter, thump
clud, clood	cloud
cluit-fuited	cloven-hooved
coal-ree	coal-yard
cogie	wooden bowl
collieshangie	brawl, uproar
contrair	contrary
corbie	carrion crow
coup	rubbish tip
courie	crouch
couthie	congenial, friendly
cowp	overturn, tilt
cranreuch	frost
crappt	cropped
crack	conversation, chat
creel	fishing basket
crouse	bold
cuid	could
cuil	cool
cuist	cast
curfuffle	excitement
cushie-doo, cushat	wood pigeon
cuttie	short

D

daffin	frolicking
darg	work
daud	lump; to hit, strike
daunerin	strolling
daur	dare
deevilock	little devil
deil	devil
deived	deafened
deuk	duck
dicht	wipe
ding	knock down, defeat
dirlin	reverberating
disjaskit	downcast
dominie	school master
doo	pigeon
douk, dook	dip, swim; steep incline (mine)
dover	doze
dowf	dejected
dowie	sad
dowp	bottom
dree	endure
dreich	desolate, dull
droukit	soaked
drouth	thirst
drucken	drunken
dub	slow-moving pool; puddle
dumfounert	dumbfounded
dunkie-jaiket	donkey-jacket
dunt	knock, blow, jolt
dwaibly	weak, feeble
dyke	stone wall
dyvour	rogue, good-for-nothing

E

edders	udders
eenou	at the present time
eident	diligent, careful
eneuch	enough
ermine	stoat
ettle	intend; aim for

F

faa	fall
fain	willingly
fand	found
fankle	tangle; to entangle
fashd	bothered, troubled
feart	frightened
feartie	coward
feck	the most part
fell	grievous, very harmful
fettle	set in order, prepare
flegs	frights

fleich	importune	guid	g
fley	frighten	guid-sister, etc.	sister-in-law,
flowe	bog	gurly	grow
flytin	scolding	gyte	confu
forbye	as well as		
forenent	in front of	**H**	
forfochen	exhausted	haddies	haddo
forrit	forward	haet	iota, part
fou	full; drunk	hafflin	half-gro
founert	chilled to the bone, exhausted	hained	sa
frae	from	hale	wh
fremit	strange, foreign	hantle	great num
fufft	puffed	hap	wrap, cover o
fuit-faa	foot-fall	hard-wrocht	hard-worl
fuil	fool	harns	bra
fyke; fykie	fuss; troublesome	hauf	h
fylin	fouling	haugh	level riverside grou
G		havers	nonsense t
gaberlunzie	beggar	haw-tree	hawth
gadger	stone-fly larvae	heckle	hackle, neck feat
gait	road	heich	h
gallus	bold	heize	hoist,
galluses	braces	herry	rob, plun
gangrel	vagabond	hert	he
garrd	compelled	heuk	ho
gash	ghastly	hey	h
gaun	going	hinner-en, at the	latte
ged	pike (fish)	hirple to	limp, hob
gemm	game	his lane	alo
gemmie	gamekeeper	hoast	cou
gey	very	hochs	thig
gie	give	holm	flat ground by riv
gill-net	net snares fish by gills	horls	pit winding ge
gimmer	young ewe	hotchin	teeming; fidgetting, itchi
gin	by the time	hou	ho
girn	whine, moan, fret; snare	houlet	o
girr	iron hoop	howdie	midwi
glaikit stupid glaur mud		howe	hollo
gleg	alert, keen	howff	favourite haunt, p
gliff	gleam, flash	howker	poacher - local ter
gloamin	dusk	howkin	digging; foul-hooking fi
gomeril	stupid person	huidie-craw	hooded or carrion cro
gowden	golden	humphin	humpi
gowpin	throbbing	hunkers	haunch
graip	grope	hurcheons	hedgeho
graith	gear; equipment; possessions; wealth	hutch	coalmine bog
greitin	crying	**I**	
grew	greyhound		
grilse	young adult salmon	ilka	each, ever
grue	grimace, shudder	ill-gabbit	ill-mouthe
grun	ground	ither	oth
guddlin	catching fish by hand		
guff	smell		

156

jiket	jacket
jlouse	suspect
jaud	perverse woman
jaup	splash, bespatter
jaw it	throw out (liquid)
jely	jelly
jouk	duck, swerve, avoid
just	just
jyler	jailer
jyne	join

K

kail	vegetable broth
kaimed	combed
kain	rent, tribute
keech	excrement
keek	peep, peer
kelp	seaweed
ken	know
kennin	little
kenspeckle	conspicuous
kep	cap, detonator
keppin	head off, restrain (animals)
kintra	country
kirstal	crystal
kist	chest
kittlin	tickling
kizzens	cousins
knowe	small hill, hillock
kye	cattle
kype	hooked lower jaw (salmon)

L

lae	leave
laich	low
laired	bogged down
lands	tenements
lang-nebbit	long-billed
larick	larch
laud	sweetheart
lave	rest
laverock	skylark
lear	learning
lee-lang	livelong
leet	list
leid	lead
licht	light
lift	sky
linn	waterfall
lippen	come across, find; entrust
lou	love
lourin	overcast, gloomy
lou	love
lourin	overcast, gloomy
lowe	blaze, glow, flame
lown	calm
lowp	leap
lowse	loosen, free
lugs	ears
lum	chimney

M

masked	infused (tea)
maukin	hare
maun	must
mawin	mowing
mawks	maggots
meat	food
meedae	meadow
mim-moued	prim, affected
minnons	minnows
mirk	darkness
moss-hags	peat moors or bogs
muckle	much any; big
muntit	mounted, set up

N

neb	nose
neep	turnip
neist	next
nerra	narrow
neuk	nook, corner
new-farrant	modern
nicht	night
nocht	nothing
nor	than
nowt	cattle

O

ocht	anything
onding	outburst
ongauns	goings-on, proceedings
ower	over

P

pad	path
paiks	deserts, punishment
pairtricks	partridges
pauchlin	shuffling, hobbling
paur	parr, juvenile salmon
pechin	panting
peenheids	minnow fry
peesie, peesweep	lapwing

pey	pay
pickle	little
piece	sandwich(es)
piggy	earthenware hot-water bottle
pilin stab	fence post
pit	put
plowter	splash aimlessly
ploy	plan, escapade
plunkers	truants
poke	paper bag
pou	pull
pouk	pluck; bite or pull
pousion, pooshan	poison
pouthert	powdered
pow	head
pownie	pony
pree	taste
preen	pin
puddock	frog
pug	shunting engine
puil	pool
purn	fishing reel
pynt	point

Q
quait	quiet

R
raik	load
raip	rope
ram-stam	headlong, heedlessly
raw	row
rax	reach, stretch
reamin	full, overflowing
redds	spawning gravel-beds
reek	smoke
reidbreist	robin
reivin	plundering
rivin	tearing
roarin gemm	curling
roose	rouse
routh, rowth	abundance
rowed	rolled
rowt	bellow
ruch	rough
rug	tug, pull
runkled	wrinkled

S
sark	shirt
saugh	willow; wicker
sawin	sowing
scraichin	screeching

scart	scra…
scliff	sc…
sclim	cli…
screich, skreich	scree…
screive	scrape; write; engra…
scrimpit	sca…
scrunty	stun…
sea-pie	oyster-catch…
semmit	v…
set	amusing happeni…
set-in bed	recessed b…
shank	pit sh…
shaws	coppices; vegetable ste…
sheddaes	shado…
shelfie, shilfa	chaffin…
sheugh	dit…
shew	s…
shilpit	pu…
shirra	she…
shooglt	sho…
shouder, shouther	should…
shuil	sho…
shuin, sune	so…
shune	sho…
sicht	sig…
siclike	su…
siller	sil…
skail	spill o…
skaith	ha…
skeelie	skil…
skelp	slap; hu…
skite	sk…
skitter	diarrho…
skive	roam abo…
sklent	sla…
slae-buss	sloe bu…
slairit	smear…
slap	g…
slee	sly; skill…
slocken	sla…
smeddum	spirit, mett…
smeek	smo…
smeekit	smoke-blacken…
smoord	smothered, obscur…
snash	abuse, insul…
snaw-wraith	snow-dr…
sneeshin-mull	snuff-b…
snell	co…
snotter	nasal muc…
snotter-clout	hank…
soop	swee…
souchin	sighi…
soukin, sookin	sucki…

)um	swim	**T**	
)uter	shoemaker	taickle	tackle
outhron	English	taigle	delay, linger
)wl	soul	tare	piece of fun, spree
)ate	flood	tak tent	take care, notice
)eeder	spider, wingless trout fly	tak the pet	take the huff
)eiled	climbed up	tapsalteery	upside down
)eir	to ask	tassie	goblet
)eldert	stretched out	tentie	attentive; careful
)eug	sparrow	tentless	heedless
)lairge	splash	thegither	together
)lore	exploit, escapade	theikit	thatched
)rauchle	flounder; struggle; sprawl	thirled	bound
)reckled	speckled	thocht	thought
)yle	spoil	thole	endure
:ane-chipper	wheatear	thoum	thumb
:appt	stuffed	thrang	hard-pressed; busy
:ark	vigorously	thrapple	throat
:aucher	stagger	thrawn	stubborn
:aun	stand	threip	harp on
:auve	stave	tid	mood
:awed	sickened, satiated; bored	timmer	timber
:eik	shut	tint	lost
:eir	uproar, disturbance; stir	tirlin	thrilling
:eirin	active; stirring	tirrivee	fit of temper
:ellin	halting, stopping	tither	the other
:ibble	stubble	tod	fox
:irks	young cattle	tottie	tiny
:ookie	dimwit	touslt	ruffled
:ottit	bounced	trammel-net	triple-meshed net
:oun	sharp pang of pain	trauchlt	overburdened; troubled
:our	dust	trig	neat
:raik	stroke	trimmlin	trembling
:ramash	squabble, brawl	trysted	engaged
:raucht	straight	tuim, tume	empty
:reikit	streaked; stretched	tummlt	tumbled
:reitch	stretch		
:rippers	coal-hewers	**U**	
:troan	urinate	ugsome	repellent
:trum	fuse	unco	exceedingly
:ukkie	starling	unsocht	unsolicite
:ushie	squabble		
:tymied	thwarted	**V**	
.uid	should	vaunty	proud
.undert	split apart	vyces	voices
.wee	swinging bar over fire for pots		
.weir	swear	**W**	
.weirt	loath, reluctant	wabbit	exhausted
.wither	dither, hesitate	wae	woe
.yne	thereupon; ago, since; rinse	waik	weak

159

wale	choose the best
wame	stomach; womb
wastrife	wasteful
waukrife	sleepless
waur	worse
wean	child
wecht	weight
weel-buskit	well-tied or dressed
weel-tochert	well endowed
weil	pool
wersh	insipid
wether	castrated ram
wha daur meddle	who dares meddle
wha, whae	who
whalp	whelp (rascal)
whan	when
whang	leather thong
whaup	curlew
whaur	where
wheen	a lot of
wheesht (haud yer..)	hush; be quiet!
wheetie-wren	willow warbler
wheiched	whizzed
whitreck, whittret	weasel
whuppet	whippet
wicht	strong man
wid	wood
winna ding	wont be defeated
wrastle	wrestle
wrocht	worked
wud	mad
wund	wound
wyce	wise
wynd	narrow street

Y

yaird	yard, kitchen-garden
yellochin	bawling
yerkit	snatched
yett	gate
yeuky	itchy
yill	ale
yin	one
yokit	set to; harnessed
yowe	ewe